U0534270

外卷：中国互联网巨头的全球征途
Seeing the Unseen
Behind Chinese Tech Giants' Global Venturing

陈国立　李江玕◎著
杨　悦　李江玕　谢新洲◎译

电子工业出版社
Publishing House of Electronics Industry
北京·BEIJING

内 容 简 介

通过亲历者访谈和深度案例研究，深入探索了中国科技和互联网行业领军企业在过去十年中的海外扩张历程。本书分析总结出这些公司成败与否的关键因素，并按重要性排序为领导力、人才、组织和产品。书中详细描述了中国互联网企业如何在复杂多变的全球市场中成长与竞争，以及它们如何通过复制和创新实现全球扩张。同时，本书分析了中国公司在海外市场面临的挑战和机遇，强调了组织文化、领导风格和战略选择的重要性。这些案例研究为正在出海和参与全球化浪潮的众多中国公司提供了宝贵的经验和教训。

Copyright © 2022 by Guoli Chen and Momentum Works Pte Ltd.
All Rights Reserved. This translation published under license. Authorized translation from the English language edition, Published by John Wiley & Sons. No part of this book may be reproduced in any form without the written permission of the original copyrights holder
Copies of this book sold without a Wiley sticker on the cover are unauthorized and illegal

本书中文简体中文字版专有翻译出版权由 John Wiley & Sons, Inc.公司授权电子工业出版社。未经许可，不得以任何手段和形式复制或抄袭本书内容。本书封底贴有 Wiley 防伪标签，无标签者不得销售。

版权贸易合同登记号　图字：01-2024-2030

图书在版编目（CIP）数据

外卷：中国互联网巨头的全球征途 / 陈国立，李江玕著；杨悦等译. -- 北京：电子工业出版社，2024.10. -- ISBN 978-7-121-48953-2

Ⅰ．F279.246

中国国家版本馆 CIP 数据核字第 2024B9B499 号

责任编辑：刘志红（lzhmails@163.com）　　特约编辑：陈冬梅
印　　刷：天津千鹤文化传播有限公司
装　　订：天津千鹤文化传播有限公司
出版发行：电子工业出版社
　　　　　北京市海淀区万寿路 173 信箱　邮编：100036
开　　本：720×1 000　1/16　印张：16.5　字数：369.6 千字
版　　次：2024 年 10 月第 1 版
印　　次：2024 年 10 月第 1 次印刷
定　　价：128.00 元

凡所购买电子工业出版社图书有缺损问题，请向购买书店调换。若书店售缺，请与本社发行部联系，联系及邮购电话：（010）88254888，88258888。

质量投诉请发邮件至 zlts@phei.com.cn，盗版侵权举报请发邮件至 dbqq@phei.com.cn。
本书咨询联系方式：（010）88254479，lzhmails@163.com。

鸣　谢

虽然我们很久以来就有出版这本书的想法，但繁忙的工作和频繁的出差阻碍了我们的计划。当新冠疫情爆发并在新加坡实施封锁时，我们被迫留在家中，所以决定启动这个项目。令人愉快的是，许多朋友和同事纷纷前来帮忙，提供经验、见解、观点和思路。许多人还介绍他们的朋友和（前）同事给我们，以便我们更深入地了解特定公司、事件或人物。

具体来说，在构思和编写这本书的过程中，我们采访了许多投资者、创业者/企业家和大公司的高管。他们参与了中国科技公司海外扩展的过程，也经历了其中成功的喜悦和过程的痛苦。在超过 300 小时的采访中，我们了解了许多公司的投资或创业经历，获得了相关反思经验，但更重要的是，了解了许多领导和参与这一过程的先驱者的心路历程。

我们感激几位特别有影响力的互联网领袖分享了他们的观点，并允许我们引用他们的一些分享原文，尽管他们都要求保持匿名。我们同时也感谢 Andy Li、Canary Zhang、Dan Hu、Diane Weng、Harry Xue、Jonathan Zhong、Nick Duan、Qi Zhai、Shaolin Zheng、Tao Tian、Thomas Shi、Vincent Yang、Yongqing Li、Yun Zhang、Zhen Zhang 和其他许多希望匿名的人士分享了他们的个人经历和反思经验。

我们要感谢 Momentum Works（墨腾创投）的首席运营官 Yorlin Ng，她分享并反思了现实生活中的领导力和人际关系经验，这些成为了书中宝贵的见解；感谢欧洲工商管理学院（INSEAD）的访问博士生 Steven Peng 和 Momentum Works 的项目经理 Deshui Yu，他们在参加采访、整理笔记、与作者一起讨论关键点方面给予了极大的帮助。

我们还要感谢 Momentum Works 的其他同事，没有他们的帮助，这本书是不可能完成的：感谢 Crystal Yu、Nanette Litya 和 Nurina Fhareza，她们分享了在中国及海外与中国科技公司合作的经验；感谢 Aishwarya Valliappan、Vion Yau、Brandon Yee 和 Yi Hu 在本书资料收集等阶段所做的具体工作。我们感谢 INSEAD 的同事、课堂上的学生、研究研讨会和会议的参与者。我们也感谢 Quy Huy 教授和 INSEAD 中国计划的支持者，这为我们开发与中国相关的教学案例提供了资源。

还有许多在这本书的制作过程中以某种方式帮助过我们的人，由于篇幅限制，我们未能一一提及。此外，此书未能容纳许多其他公司与我们分享的经验——我们将通过其他渠道继续分享这些内容，包括墨腾创投的微信公众号：MomentumWorks。

最后，我们要感谢所有与我们讨论过中国科技公司海外拓展主题的投资者、企业家和高管。没有你们分享的亲身经历和真知灼见，我们不敢触及如此庞大、复杂且快速发展的主题。

陈国立 & 李江玕
2022 年 3 月 26 日
新加坡

作者序

我们通过 INSEAD 的 MBA 课程——"中国战略"中的互相合作，使越来越多的参与者和学生对一个新兴现象表现出兴趣：中国科技和互联网公司走出国门。通过在课程中的互动，我们开始对这些全球扩展浪潮背后的真实情况有了越来越清晰的认识。共同撰写一本书，汇集中国科技企业全球征途中的战略、故事和经验教训的种子就此萌发。

越来越多的中国企业走出国门，积极追求其全球化雄心。例如，2014年，腾讯在全球范围内推出了由著名足球运动员梅西代言的微信广告；2016年，阿里巴巴收购了东南亚领先的电商平台 Lazada；次年，中东最大的电商平台 Souq 以 45% 的折扣价出售给了亚马逊，部分原因是受到了一家名不见经传的中国电商公司 JollyChic 的威胁；2019 年，非洲销量最大的中国智能手机公司传音上市；2020 年，TikTok 在特朗普眼中成为美国最大的国家安全威胁；2022 年，总部位于中国的快时尚电商 SHEIN 在一轮融资中估值达到 1000 亿美元，超过了快时尚鼻祖 H&M 和 Zara 当时市值的总和。

还有许多不太知名的公司，以及像新加坡的冬海集团这样由全球华人社区创立，受中国商业模式启发的公司，在世界各地崭露头角。

我们收到了越来越多来自中国以外的各类受众和客户的提问；这一现象的潜在影响，以及商业生态系统的不同部分应如何应对。在 INSEAD 法国校区参与项目的欧洲企业领导人就阿里巴巴及其关联公司（包括蚂蚁集团）的数据隐私问题进行了辩论；财富 500 强公司的高管们提出了关于中国领导风格和突然崛起之谜的问题，并试图了解政策变化如何影响中美科技公司的竞争与合作；菲律宾一家

外卷：中国互联网巨头的全球征途
Seeing the Unseen Behind Chinese Tech Giants' Global Venturing

大型媒体集团的继承人咨询他们应如何改造其媒体资产，并从字节跳动旗下抖音成功的经验中学习。

在东南亚、南亚和非洲，金融监管机构一直在努力研究如何监管模仿中国科技公司运营模式的金融科技公司，这些公司雇佣中国技术专家，并接受来自中国集团的投资。

我们还收到了大量来自中国的企业家、公司领导人和投资者的咨询：如何拓展海外市场。从哪里开始、需要做哪些准备、当地雇佣谁、谁作为外派人员、分配多少资源——对于这些习惯于在单一大市场作战的中国科技领导者来说，全球市场的多样性和分散性是令人望而生畏的。

在与各方就这些问题进行的讨论和辩论中，我们越来越感到需要采取一些行动。新冠疫情使我们和我们生态系统的朋友们无法出行，这成为我们能够将所有这些观察、思考和反思经验汇集成文的催化剂。

我们希望你在这本书中能找到有用的见解——无论你是与这些中国科技公司（及其启发的公司）合作、竞争，或加入、监管这些中国科技公司，还是参与它们的全球化征程。

图书中我们还嵌入了一些传统的中国成语和短语，可能有助于解释一些行动和情境；对非中文背景的读者，我们尽力凸显它们的相关性以易于理解。

由于这是一个快速发展的领域，几乎每月都有变化，尤其是在当前我们所处的全球地缘政治环境中，我们希望能随时向你更新最新的动态、案例研究和反思经验。如果你想讨论，可以通过网站和电子邮件联系我们。

陈国立 & 李江玕

guoli.chen@insead.edu

jianggan.li@mworks.asia

2022 年 4 月 2 日

新加坡

作者简介

陈国立是 INSEAD 的战略学教授。他在宾夕法尼亚州立大学获得了战略管理博士学位。陈教授的研究兴趣集中在战略领导力和公司治理方面，尤其是在并购、首次公开募股（IPO）、创新、全球化、公司重组和可持续发展等背景下。

他在顶级管理期刊上发表了超过 20 篇学术论文，同时他的文章和观点也出现在许多报纸上。陈教授在战略管理学会（SMS）和管理学会（AoM）中担任过多个领导角色。他也是具有影响力的学术期刊 Management and Organization Review（MOR）的高级编辑。

陈教授是中国战略方面的专家，并且发表了多个关于中国公司的教学案例，如"Huawei's smartphone strategy""Uber vs. Didi""Ant Financial and Tencent" "TikTok and Kuaishou"。

李江玕是墨腾创投（Momentum Works）的创始人兼首席执行官，Momentum Works 是一家总部位于新加坡，专注于全球新兴市场的机构，主要业务为投资孵化、咨询和全球社群的建立。在创立 Momentum Works 之前，他在 Rocket Internet 创立、领导并拓展了东南亚的互联网公司，包括打车平台 EasyTaxi 和外卖平台 Foodpanda。除了东南亚，他还曾在中国、印度、欧洲、拉丁美洲和中东生活和工作。

如今，除了孵化创业企业，李江玕还带领团队对快速发展的新兴产业进行深入研究，帮助个人、投资者和企业建立联系，产生影响。他也经常受邀在各国的会议和企业活动中演讲。

　　李江玗拥有 INSEAD 的 MBA 学位和南洋理工大学的计算机工程学位。除了英语和中文，他还精通法语，并能用粤语和西班牙语进行日常交流。

序

感谢电子工业出版社将我们新冠疫情期间完成的 *Seeing the unseen: Behind Chinese Tech Giants' Global Venturing* 一书引进,并与中文读者见面。

在翻译"Seeing the Unseen"的中文书名的过程中,我们通过投票征求了之前采访过的亲历者和许多行业朋友的意见。虽然有些出乎意料,但也在情理之中,"外卷"在五个选项中以超过一半的票数遥遥领先。可见,"内卷"已经成为国内业界的热门话题,也侧面反映了大家的焦虑状态。

大家反馈称:与其他选项(如"征程",或更接近英文原标题的"见所未见"、"洞见")相比,"外卷"更形象地表达了出海开拓过程中的各种酸甜苦辣,也体现了中国企业家积极"卷入"海外市场的决心。

这本书的英文原版在 2022 年年初完稿。当时的世界和现在大不相同:新冠疫情尚未完全结束,俄乌冲突刚刚开始,美联储甚至尚未开始加息。我们是从 2016 年开始观察到中国互联网企业开始大规模出海的;书中我们记录的案例和反思很多也是基于 2016 年至 2021 年间以电商和互联网大厂为主的中国科技企业出海的经历。

但出海是一个持续演进的过程。过去两年间发生了很多变化。

在电商领域,字节跳动旗下抖音电商的海外版 TikTok Shop 和拼多多的海外站 Temu 在海外市场突飞猛进。根据墨腾的估算,TikTok Shop 在 2023 年下半年已经成为东南亚第二大电商平台;而 Temu 截止 2024 年 6 月 30 日已经拓展到了 72 个国家和地区。两者都把以前国内大厂不敢轻易触碰的美国市场做成了主战场,不仅挑战了美国的零售巨头 Amazon, Walmart,也同时卷了另外一家中国人发起的公司Shein（希音）。

餐饮出海也成为了一个大趋势。蜜雪在以东南亚为主的海外市场开设了4000家店，其中3000家左右在印尼。瑞幸咖啡也成功登陆新加坡，半年多的时间在优质地段开出30家门店，并且说服了新加坡人为点一杯咖啡下个App。霸王茶姬在马来西亚站稳脚跟后，在东南亚其他主要国家也逐渐开始高调登场。

制造业上，除了在东南亚的越南和柬埔寨，远在拉美的墨西哥和欧洲边缘的土耳其，以及中东地区都涌现了大量的中资工厂，一批批的中国经理人努力地学习如何与当地员工、合作伙伴和政商势力有效地沟通和协作。

中国新能源车企也在这两年越来越清晰地成为出海的主力军之一。例如，比亚迪的新能源车已经销售到了70多个国家，并且在印度、泰国、印尼、巴西、土耳其和匈牙利相继建立生产厂或组装厂。

更重要的是，中国企业的出海场景发生了很大的变化。随着内部外部环境的演进，出海从一个机会主义的尝试变成了一个各行各企业都在仔细考虑的必选项。最近业界甚至有了"不出海，就出局"的说法。

在我们日常居住的新加坡，每周都有大量的考察团途经此地前往东南亚各地，每月都有规模大小不一的出海峰会和论坛。这个过程无疑是激动人心的，我们也看到了"大航海时代"和"扬帆远航"等各种比喻。

但是，出海本身是否变得更容易了？很遗憾，没有。各种坑还在那儿——一不留神或者一时焦急，都会踩到。而且随着时间的变化、环境的变迁，还会有新的坑产生。

不过，和新冠疫情前的互联网出海相比，全行业全方位的出海倒是带来了一些语境上的变化。我们不再听到充满傲慢的"时光机器"或者"降维打击"，取而代之的是各种认真的思考，对风险的明确认知，和对在地市场的敬畏。

这其中有许多值得思考的地方。我们常和朋友们说，出海的企业分为两种：有得选的和没得选的。没得选的典型案例是很多嵌在某大型欧美公司供应链上游的中国制造业企业。由于地缘政治、合规等原因，必须在墨西哥、越南或者土耳其开厂。

有得选就比如说我在国内有一个比较成熟的业务,不管是由于国内的行业充分竞争还是已经做到了行业第一,营收和利润的增长空间已经有限。这个时候探索出海的选项变得必要。选择去哪儿(东南亚、欧洲还是拉美区域;如果是东南亚的话,具体哪个国家,什么样的时间顺序),怎么去(产品或企业能力,独自走还是抱团产业集群联动),派遣或招聘什么样的团队,组织如何分配决策权和资源,这些种种决策往往都需要领导在信息不充分和市场不断变化的场景中做出。

并非每个行业都像汽车一样有一套成熟的品牌和经销商体系可以去探索的。即使有成熟体系的产业,即使没有选择必须以某种特定路径去特定国家出海的企业,在这个道路上也是困难重重。

在本书翻译成中文的过程中,我们和译者合作在书中加入了很多注释(译者注),补充了相关公司在过去两年中的发展和进一步的思考,希望能对大家有所帮助。

虽然两年中内、外部环境发生了许多变化,我们书中的一些对出海核心成功要素的基本判断还是准确的。POP-Leadership(领导力—组织—人—产品)的战略框架也被一些朋友用来分析在出海路径上的一些核心问题和思考。战略框架不是空想出来的,而是总结出来的——市场和商业模式千变万化,但万变不离其宗。

中国企业目前在出海进程中经历的,只是欧美和日韩企业在上个世纪经历过的事情。最大的不同是,当年的欧美日韩企业有充分的时间去探索,有些时候甚至需要 5 年、10 年的时间和努力才打开市场。而很多行业的中国企业经历了中国市场在本世纪头 20 年的迅速起飞,在面对纷繁复杂的海外市场时往往最先要调整的是自己的预期。

希望大家会喜欢这本书,并且希望我们提出的框架对您有所帮助,一些例子能够激发您的思考,无论是在企业出海方面,还是总体上的战略执行层面。

我们也会持续关注中国企业,或者更准确地说中国商业模式和中国企业家精神的全球化。也希望在未来几年能够多和大家交流。国内读者可以通过关注墨腾创投的公众号（MomentumWorks）获取我们最新的思考，也欢迎和我们联系。

最后，感谢电子工业出版社的刘志红总策划，参与本书翻译的杨悦（Elody Yang）和谢新洲。以及墨腾 COO 吴若龄（YorLin Ng）、研究部的陈玮函（Weihan Chen）、丁冯德（Enzo Ding）、许诺（Nora Xu）和市场部庄永晴（Sabrina Chong）、Nanette Litya 等同事的支持。

陈国立 & 李江玕

guoli.chen@insead.edu

jianggan.li@mworks.asia

2024 年 7 月 15 日

新加坡

CONTENTS 目 录

引言 ·· 001

    为什么来读这本书？ ·· 004

    我们讨论的范围：什么是科技/互联网公司？ ···································· 005

    POP-Leadership ·· 008

        领导力（Leadership） ··· 009

        人（People） ··· 010

        组织（Organization） ··· 011

        产品（Product） ··· 012

    本书的结构 ··· 012

    补充阅读 ··· 013

第 I 部分　了解中国互联网公司

第 1 章　鲨鱼与鳄鱼 ·· 017

    江鳄出海进行时 ·· 021

    鳄鱼的天然栖息地 ··· 023

    政策鼓励创业 ··· 027

    驾驭运气和时机的浪潮 ·· 029

第 2 章　中国互联网的战略与战术 ·· 031

    毛主席的创业手册 ··· 033

复制、极端竞争及更多 ·· 035
　　　齐心协力 ·· 038
　　　对变化的态度 ·· 039
　　　艰苦是一种美德 ·· 041

第 3 章　所有人都在出海 ·· 043
　　　无处不在的突击队 ·· 045
　　　第二波浪潮：世界的 App 工厂 ·· 048

第 II 部分　POP-Leadership

第 4 章　领导力 ·· 053
　　　向历史学习 ·· 057
　　　中国创始人的特征 ·· 059
　　　BAT 的分化？ ·· 061
　　　具有国际化视野的新一代 ·· 065
　　　　　美团 ·· 066
　　　　　字节跳动 ·· 067
　　　　　拼多多 ·· 068
　　　全球化扩张下的领导力 ·· 069
　　　　　思考空间：如何平衡竞争激烈的国内市场和复杂的海外新市场 ·· 070
　　　　　应该为新市场投入多少资源？ ·· 072
　　　　　领导层的关注度：太多/太少？ ·· 076
　　　给领导层的问题 ·· 078

第 5 章　人 ·· 081
　　　从杂乱无章到毕业首选：中国互联网团队中人的演变 ·· 084

小米加步枪：早期的日子 085
　　飞机加大炮：引入专业人员 086
　　精英力量：当互联网成为就业首选时 087
　　技术公司偏好年轻人 088
　　阻力开始显现 089
高管：最重要的一批人 091
　　经验丰富的高层招聘 091
　　早期员工和逐级晋升来的高管 092
阿里巴巴人力资源系统 094
　　核心价值观的演变 094
　　评估评价 096
　　管理人员的培训 096
　　阿里巴巴的政委体系 098
　　合伙人制度 099
出海时人的问题 100
　　文化背景和语境：心态的第一次改变 101
　　如何填补人才缺口？ 102
　　　　从其他有海外经验的中国公司挖人 102
给领导层提出的问题 111

第6章 组织 113

关键的组织问题 116
　　决策权 117
　　信息沟通 118
　　资源分配 119
中国互联网企业的组织 119

　　　　持续的组织结构调整 ································· 120

　　　　高管轮岗 ··· 121

　　　　制造内部竞争 ··· 123

　　　　开发内部协同工具 ··································· 124

　　　　小型的敏捷团队和中台 ····························· 125

　　组织在海外的挑战 ··· 127

　　　　Lazada 和 Shopee ································· 128

　　　　海外的组织适应性 ··································· 130

　　　　　　决策权 ··· 130

　　　　　　信息沟通 ·· 132

　　　　　　资源分配 ·· 133

　　打破沉默，打破障碍 ····································· 134

　　给领导层的问题 ·· 135

第 7 章　产品 ·· 137

　　为什么中国 App 都是超级 App？ ··················· 139

　　小步快跑，快速迭代 ····································· 141

　　产品出海：什么时候？去哪里？ ···················· 142

　　　　地点 ·· 142

　　　　时机 ·· 144

　　本土化：卖什么？ ·· 148

　　　　微信全球化失败 ····································· 152

　　不同的扩张方式：怎么做 ······························ 155

　　　　自建、借用还是购买 ······························ 155

　　　　自建 ·· 156

　　　　借用 ·· 158

目录

　　购买 ·· 162

　　多方操作 ·· 164

化零为整：定速度、按顺序、找节奏 ··· 164

给领导层的问题 ·· 165

第Ⅲ部分　重新出发

第8章　拐点 ·· 169

监管干预 ·· 172

千团大战 2.0 ··· 173

出海——不是选项是必须 ·· 177

第9章　全球华人创业者群体 ··· 179

冬海和 Shopee ··· 183

领导力和战略 ··· 191

　　跨境 ·· 193

　　包邮政策 ·· 193

　　女性是最重要的消费者 ··· 195

　　流量、数据、变现 ·· 195

　　为什么竞争对手没有反应? ·· 196

　　后来者的优势 ··· 197

　　领导时机和优先级 ·· 198

人、组织和产品 ·· 199

　　早期 ·· 199

　　Shopee 的组织架构和员工 ·· 200

　　成长过程中的挑战 ·· 201

　　产品和更多 ··· 202

· XVII ·

关于 Shopee 最终的思考 ·· 203
　　极兔快递 ··· 204
　　中国市场以外的飞轮 ·· 206

第 10 章　海外本土连点成面 ·· 209
　　在东南亚复制一个支付宝 ·· 211
　　社交电商 ··· 214
　　让这一切变得有意义 ·· 218
　　　　投资人 ··· 218
　　　　企业领导人 ·· 219
　　　　创业者和企业家 ·· 221
　　　　监管机构 ·· 222
　　　　其他朋友 ·· 223
　　　　小结 ··· 224

第 11 章　全球市场的交互和碰撞 ··································· 225
　　寻找全球互联网机遇的 3 位先锋 ··· 226
　　　　Naspers 如何发现腾讯 ·· 227
　　　　软银、阿里巴巴和"时光机"理论 ·························· 228
　　　　Rocket Internet 打造中美以外全球最大互联网平台的历程 ········ 230
　　中国科技企业的全球版图 ·· 232
　　　　东南亚——第一个港口 ·· 232
　　　　印度与地缘政治 ·· 236
　　　　中东——大厂的空白 ··· 238
　　　　非洲——机会留给最有决心的人 ······························· 239
　　　　拉丁美洲——新疆土 ··· 240
　　全球新兴市场的交互 ·· 243

引 言

外卷：中国互联网巨头的全球征途
Seeing the Unseen Behind Chinese Tech Giants' Global Venturing

2020年5月，资深媒体高管凯文·梅耶尔（Kevin Mayer）辞去了华特迪士尼公司的工作加入字节跳动（TikTok），引起了广泛的关注。

这是第一次有如此高影响力的美国高管在本土市场加入成熟的中国科技公司。更令人印象深刻的是，Mayer出任的新角色是抖音海外版TikTok的CEO，以及其母公司字节跳动的首席运营官，他也因此成为第一位能够直接管理中国互联网公司核心业务的美国高管。

显然，他也很合格：他在迪士尼工作了二十多年，离职前担任直接面向消费者与国际业务（DTCI）的主席，负责流媒体业务、国际频道、广告销售和渠道拓展。传说他离开迪士尼是因为时将卸任的CEO鲍勃·艾格（Bob Iger）没有选择他作为迪士尼王国的继任者，而选择了鲍勃·查佩克（Bob Chapek）[①]。

[①] 2022年底，71岁的鲍勃·艾格在董事会的支持下推翻了自己之前钦定的继任者鲍勃·查佩克，再度回到迪士尼担任CEO。艾格原本的计划是两年之内找到继任者再次回到退休状态，然而到本书出版为止，艾格还没有找到合适的继任者，自己的任期也被董事会延长到2026年。看来在继承人这个问题上，中美的大企业都未必有很好的解决方案。

引言

大家对梅耶尔加入字节跳动这件事褒贬不一，一些人欢呼新时代的到来，认为中国科技公司开始吸引顶尖的全球人才；其他人则持怀疑态度，毕竟文化契合度对于较低级别的外国高管都已经是个问题，何况对于核心业务高官。无论如何，人们都认同字节跳动在国际扩张方面的大胆尝试，这在东亚公司中很少见[①]。

然而仅仅3个月，梅耶尔就宣布从字节跳动辞职，离开了公司。

单从外部看，梅耶尔在职 TikTok 的这3个月非常的跌宕起伏。特朗普政府给字节跳动下了最后通牒，要么关掉 TikTok，要么将其卖给一家美国公司。包括微软、甲骨文和沃尔玛在内的多个意愿收购方和潜在合作伙伴都与字节跳动进行了密切讨论；来自投资者、字节跳动内部和政治方面的压力在3个月里进行了几种发酵，只有梅耶尔自己知道他经历了什么。

一些人好奇，如果没有特朗普政府要求字节跳动强制剥离 TikTok 带来的巨大政治压力，梅耶尔又是否能在字节跳动创始人张一鸣的领导下，在这家起源于中国但已然成为全球性的互联网公司中生存并充分发挥自己的经验和才干？

字节跳动，连同阿里巴巴、腾讯、百度、小米、拼多多和美团等许多其他中国互联网巨头，在过去10年中越来越频繁地进入海外的新闻头条。这不仅仅是因为他们能够快速地抓住机会成为普通消费者生活中不可或缺的存在，还因为他们前赴后继地尝试突破中国以外的广大海外市场。

从复制硅谷商业模式到在全球范围内扩大影响力，中国的互联网公司在短时间里经历了很多。

然而，除了媒体头条和上市公司发布财务报告，关于中国互联网公司的真实信息鲜为人知：他们到底是谁？他们如何变成今天的样子？他们真正的竞争优势

---

① 有人可能会拿梅耶尔和如下几位做比较：从 2015 年开始担任阿里巴巴总裁和执行董事的加拿大人迈克·埃文斯（花名"白求恩"），促成了南非电信对腾讯的投资并在 2001 年加入腾讯的美国人网大为（David Wallerstein），以及目前担任腾讯首席战略官的英国人詹姆斯·米切尔（James Mitchell）。不过，很大的不同是梅耶尔负责的是实质业务，而非对接投资者、投资和战略。

是什么？他们在国际市场的野心是什么？他们能实现这些野心吗？

这些问题经常在我们与来自世界各地的朋友——包括互联网从业者、投资者、监管和生态里的其他利益相关者——的讨论中出现。他们有充分的理由关注这些问题：中国以外的公司想知道如何与这些中国公司竞争，或是合作；接到这些公司猎头电话的专业人士想知道他们可能会加入的企业的文化和前景；监管机构想厘清数百种在中国以外并不为人知的商业模式到底是怎么运作的。

在海外看到的媒体报道和分析报告也可能会误导人。比如，拼多多往往在海外被简单地描绘成了"社交电商"；好几位我们接触过的海外互联网公司的金融业务负责人都以为蚂蚁集团信贷业务的核心用户是商家而不是消费者；SHEIN 的主要成功要素被描述成低价和 996，而不是供应链的深度整合、快速的上新能力和市场推广/用户运营。

在这本书中，我们首先希望帮助读者准确、直观地了解中国互联网公司。而更重要的是，着眼于他们正在进行的全球市场的扩张，本书中我们总结了一些关键教训和对未来的展望，用 POP-Leadership 框架①在后面着重分析讨论。

对于大多数中国互联网公司来说，出海和全球化的过程并不轻松，失败比成功更常见。不过，更为重要的是，中国互联网公司从"山寨者"开始，谦卑学习，飞速迭代和进步——如果把这个核心能力（而不仅仅是产品经验和规模化能力）成功应用于海外市场，带来的竞争优势是显而易见的。

为什么来读这本书？

这本书会吸引谁？中国互联网巨头在全球市场潜在的影响力颇大，但海外对

---

① POP 里面的三个字母分别代表人（People）、组织（Organisation）和产品（Product）；Leadership 代表领导力。

其影响力的相关研究却很少。虽然有关媒体广泛报道，但关于他们领导层的思想、战略、组织、优劣分析却很少。对于监管者、潜在合作伙伴、竞争对手、供应商、客户、经验丰富的专业人士和其他利益相关者来说，更好地理解这些公司如何运作以及他们在全球化过程中的核心优势和困难尤为重要。

如果你是以下几类人的话，这本书对你一定有用：
- 在国内或内外与中国互联网公司竞争或合作的公司高层。
- 与中国互联网公司供应链或相关生态系统深度合作的企业家。
- 想在海外复制中国国内商业模式的创业者。
- 想学习中国互联网公司实践的咨询顾问。
- 收到中国互联网公司海外业务高薪邀请的专业人士。
- 撰写中国互联网行业相关报告的研究员。
- 期待吸引和管理来自中国的直接投资，学习新商业模式并对中国近期监管措施感到困惑的各国政府监管/政策制定者。

无论你有没有中国背景，无论你来自于互联网公司或者是作为创业者，也无论是专业研究者或是业余爱好者，本书旨在为读者填补中国公司如何创造、竞争并进入国际市场的理解空白。除此之外，全球各地都有华人创业者在复制和模仿中国的模式和经验，并取得成功——总部位于新加坡的冬海集团[①]就是一个很好的例子。

我们讨论的范围：什么是科技/互联网公司？

"高科技"和"互联网"这样的称呼比较宽泛，到底什么是互联网公司呢？在

[①] 冬海集团（Sea Group）业务涵盖了数字娱乐、电商和数字金融，过去 8 年该公司的电商业务在东南亚的竞争中脱颖而出，从阿里巴巴收购的电商平台 Lazada 中夺得了头把交椅。在 2021 年的资本市场泡沫中，冬海的市值一度超过了 2000 亿美元。关于冬海的案例在后续章节里会仔细介绍。

深入探讨分析之前，我们想先解释这个定义并明确本书的范围。

互联网公司的狭义定义是那些依靠互联网（尤其是移动互联网）作为主要分销渠道以客户为触点的公司。更广义的定义是使用（移动）互联网技术作为主要差异点来提供市场已经存在的商品和服务的公司（如电商相比于传统零售），以及使用互联网技术和数据为上述公司提供服务的其他企业，如物流、供应链管理、征信和云计算。

互联网公司的营收主要包括以下几种方式：

1. 通过促成交易/销售收取费用或佣金（交易平台）。

2. 广告。

3. 基础设施或服务的收费（物流、征信、云服务）。

4. 线上零售（直接销售给买家）。

5. 线上交易/支付手续费和利息。

6. 游戏 App/内容 App 为内容和虚拟商品付费。

在这些营收方式中，1 和 2 是 2B（面向商家）；3、4 和 5 可以是 2B，也可以是 2C（面向消费者）；6 则通常是 2C。

互联网领域由于其快速增长的本质，也因此更容易被结构性的变化颠覆。因此，大型互联网公司都会积极抵御潜在的颠覆者。一种方法是扩大他们的客户群，扩展产品服务范围，提供额外价值以吸引更多客户并保留现有客户。

这造就了微信、美团和支付宝等一系列在海外被称之为"超级应用"的商业模式[1]。消费者可以在同一个 App 里购物、订餐、社交、消费内容、支付以及链接市政服务和一系列其他服务。这一发展策略帮助这些公司加深护城河并抵御潜在竞争对手，同时还能让公司从现有用户身上获取更多价值——尤其在中国平均每个客户能够贡献的价值相比美国等传统发达国家市场仍然相对偏低的情况下。

一些美国互联网公司也在采取同样的方法拓展，尽管对他们而言因为跨界竞争不像中国互联网行业这么普遍，因此时间不那么紧迫。新兴市场的公司面临的情况与中国的现状较为相似，而且很多国家其实消费水平和规模都会比中国更小，

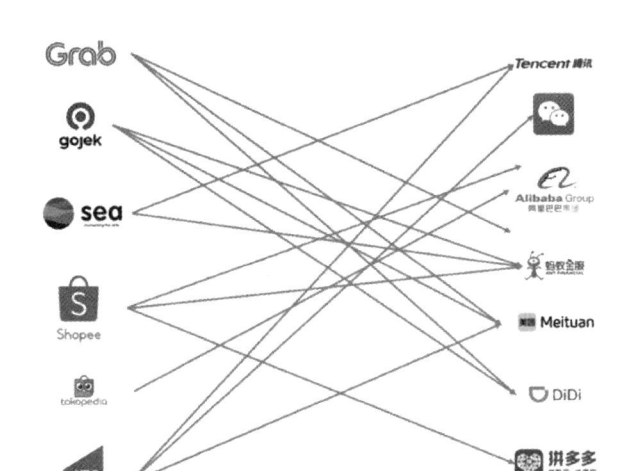

因此他们倾向直接试图去复制中国的模式，参见图 0.1。

来源：墨腾创投.

图 0.1 新兴市场的互联网公司 vs 中国互联网公司

我们根据本节一开始的互联网公司定义生成了一个中美互联网公司在不同业务领域的对比表（表 0.1）。这个表格的目的不是罗列一个完整的清单，而是让大家更容易理解我们在本书中所关注的公司类型。

表 0.1 中国互联网公司 vs 美国互联网公司

编码	公司类型	中国	美国
1	购物—平台	阿里巴巴、拼多多	亚马逊、eBay
2	购物—零售	京东	沃尔玛、亚马逊
3	购物—非平台	有赞、微盟	Shopify（加拿大）、BigCommerce
4	购物/垂类应用	唯品会	Etsy、Chewy、Wayfair
5	社交/即时通信	腾讯	Facebook[①]

[①] Facebook 已经在元宇宙热潮中改名为 Meta，其他的社交 App 仍然包括 Facebook、Whatsapp 和 Instagram。与中国的社交平台普遍大规模通过电商推进商业化不同的是，Facebook 的商业化仍然集中在广告业务。

续表

编码	公司类型	中国	美国
6	搜索引擎	百度	谷歌
7	叫车	滴滴、美团	Uber、Lyft
8	外卖	美团、阿里巴巴	Doordash、Uber
9	短视频	腾讯、快手、抖音（字节跳动）	TikTok（字节跳动，领先地位）、YouTube（谷歌）
10	旅游	携程、美团、阿里巴巴	Booking.com、Expedia、TripAdvisor
11	音乐类应用	腾讯、网易	Spotify（瑞典）、苹果
12	电子支付/数字钱包	蚂蚁、腾讯	Square、Paypal、Venmo
13	智能手机	小米、华为、Oppo、Vivo 等	苹果
14	视频类应用	爱奇艺、腾讯	Netflix、Amazon、Disney+
15	房地产	贝壳	Zillow、Opendoor
16	二手车交易平台	瓜子	Carvana
17	同城货运	货拉拉	无[①]

POP-Leadership

追求全球化的并非只有中国公司。在出海过程中，中国公司面临一些欧美日韩公司过去经历过的挑战，然而现在他们还面对一些特有的问题。

- **节奏更快**：相比宝洁在日本耗费数十年时间进行开拓市场，或丰田在印度尼西亚多年逐步布局的投资，中国公司期望的进程要快得多；

---

① 货拉拉的海外业务 Lalamove 曾经在美国运营过一段时间，后来因为种种原因退出了美国市场。

- **已有的巨大国内市场规模**：与日韩及欧洲的公司相比，庞大的国内市场对中国公司全球化来说是一把双刃剑[①]；
- **普适性**：中国本身市场的体量和独特性塑造了这批互联网公司的独特能力，但这些能力可能不适用于其他市场；
- 相比美国科技巨头，中国公司在全球扩张时缺少一些天然优势（比如语言和语境）。

中国互联网公司出海时的独特经历，可以引发我们对全球战略及其实践的思考。

考虑到中国互联网公司与其他国家公司的共性与差异，我们使用 POP-Leadership 框架来描述并帮助读者理解中国公司出海的一些关键方面（见图 0.2）。

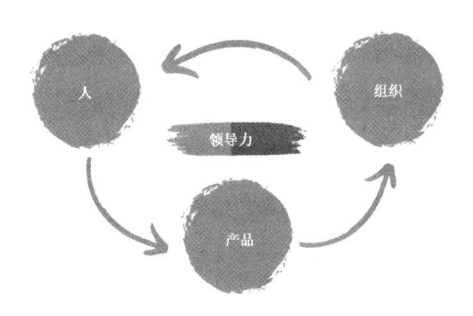

图 0.2 POP-Leadership

领导力（Leadership）

领导力是一个关键因素，因为领导层的任何一个决定都会通过组织系统被放大。他们为公司设定战略目标和方向，做出前进或者撤退的决策，给不同市场和

[①] 这涉及到了一系列的领导、组织和人的问题，在本书稍后会展开说明。值得提出的是，这个问题并不只是中国公司会遇到。比如：在东南亚最大的市场印度尼西亚起家的打车和外卖平台 Gojek 在后续试图进入到规模较小的越南和泰国市场中遇到了同样的问题。

业务分配或削减资源。我们看到过有公司因领导者的远见和坚定的决心而成为传奇，我们也见证过许多公司因为领导者在关键阶段或过度自信、犹豫不决、或是错误判断而走向崩溃。

要理解一个公司的策略，可以先研究制定这个策略的人；理解公司的领导者为我们提供了一个理解甚至预见他们下一步战略行动的捷径。几十年来，大量学术研究分析核心决策者们的经验、认知、情感和心理状况会怎么影响公司的关键选择和战略结果[2]。

中国互联网公司的创始人各自独特的成长环境，造成了对他们创建的公司有不同的影响力。尽管中国互联网行业的历史相对较短，但已经出现了来自不同年龄阶段的科技领袖，从早期的网易创始人丁磊和搜狐创始人张朝阳，到最近的标志性人物（如张一鸣和黄峥）。

然而，对于已立足中国的互联网公司来说，海外扩张其实是领导者在一个陌生环境中二次创业的挑战。更不用说这些领导者还必须同时应对国内业务的高度竞争。

因此，除了深思熟虑、不懈努力和坚韧不拔这些让他们能够在今天身居高位的必需品格之外，对于将至的全球扩张他们还需要什么？我们会基于中国互联网公司的历史经验去思考其出海战略所需的领导力。比如，领导者的心态如何在国内、海外两个市场之间切换？在新领域需要如何分配资源和精力？领导者如何引导公司跨过重重险境？

人（People）

人是我们在框架中讨论的第二个要素。因为领导指定的政策是要被人执行下去的。不仅因为公司靠他们实现拟定好的战略目标，还在于他们的反馈也自下而上的影响战略的制定和调整。

引言

中国互联网公司的招聘有一条独特的演进路线：常常一开始几乎招不到人（比如早期的阿里巴巴和腾讯），后来公司成长，变得越来越吸引人，所有年轻才俊都希望加入。他们甚至为全球业务的开展而在全球范围内招聘高管——这个过程并不容易。

有经验的专业人士是组织中最重要的，但同时也是最难管理的。管理内部晋升的人和在海外聘请的人碰到的问题各不相同。如何建立强大高效的高管团队并应对出海的挑战？在国内能够运作良好的管理和人力资源（HR）系统能教会我们什么经验？更重要的是，如何填补出海时的人员空白从而实现在海外的顺利扩张？

组织（Organization）

组织是我们框架中的第三个要素，因为要靠它把人们聚集到一起来实现公司的目标。让互不相识的人们能够快速聚拢在一起并且有效协作并不容易。尤其当公司规模逐步扩大，大家有不同的背景经验、工作方法甚至生活目标时，在跨不同国家的市场中这一挑战还会被进一步放大。

中国的互联网公司为了解决成为巨头的过程中遇到的各种组织问题普遍都设计了自己的一套系统。这是一个自然选择的过程：无法解决好组织架构问题的公司就只能消失或是泯然众人矣。

为了保证组织活力和保持敏捷的反应能力，中国互联网公司有几种方式，比如持续的组织重组、高管轮岗和制造激烈的内部竞争。然而，同样这些方式，在中国能使他们适应动态的环境变化，在海外却可能给他们制造不小的问题。

我们会讨论如果公司只简单地复制、粘贴中国的组织架构方式到海外，会引发多少问题——决策权、信息沟通和资源分配。根据许多中国互联网公司的经验，我们强烈建议领导者在出海过程中重新考虑一些与组织相关的问题。

产品（Product）

产品是我们讨论框架中的最后一个元素，但它非常重要。领导力、人员和组织架构的价值最终要转化到实际商品/服务上，才能有效变现。

出海产品涉及一系列问题：提供什么商品（What）、何时进入市场（When）、进入哪里的市场（Where）以及怎么进入市场（How）。

中国互联网生态相对自成一体，而用户的行为在过去几十年中因为飞速的经济增长和新技术的迅速变化，也产生了变化。这种环境下诞生了上述的超级应用这样的产品。

因此，在海外业务中，领导者需要弄清楚什么适合当地市场，怎样平衡全球范围内的业务标准与地区业务的本地化。我们还会讨论关于何时、何地及如何进入市场等一系列关键问题。一个解决方案不可能放之四海而皆准，我们会列出企业出海过程中与产品相关的关键因素。

总体而言，POP-Leadership 框架涵盖了领导力、人员、组织和产品四个方面，总结了出海企业成功的关键和沿途会碰到的挑战。该框架帮助企业家们将宏大的目标解构为一个个可管理的片段，引导他们系统性地思考，从而看清自己的企业在全球扩张时可能踩到的坑和遇到的瓶颈。

本书的结构

在**第一部分**的三个章节里，我们首先会介绍有哪些中国互联网公司，他们如何模仿前人又如何创新，并分析他们之间的竞争和各自的成长过程[①]。相信通过这些信息读者能够很好地洞见这些全球舞台上的新玩家。

在**第二部分**的四个章节，我们会深入探讨 POP-Leadership 框架的每个方面：第四章聚焦领导力，第五章讨论人员，第六章介绍组织，第七章分析产品。虽然我们逐一阐述这些方面，但它们本质上是相互关联的。

在**第三部分**，我们思考了中美地缘和全球大环境中的最新动态：2021 年中国对互联网企业的监管动作，以及受中国经验启发或者由海外华人创立的公司在全球特别是东南亚的崛起。我们还会从当地企业的角度来分析中国互联网公司出海所引发的潜在溢出效应。

最后，我们展示了中国互联网公司的商业版图和全球新兴市场地图的交互情况。我们认为中国科技企业出海仍处于早期阶段，期待未来能全面开花，尽管面临着巨大的挑战。

补充阅读

1. 陈国立，Trocha M. 超级应用：如何造就一体的大型市场？[z]. 欧洲工商管理学院知识频道，2019.
2. Finklestein S, Hambrick D, Cannella A. 战略领导力：关于执行，顶部管理层，和董事会的理论和研究[D]. 牛津：牛津大学出版社，2009.

[①] 非常熟悉中国互联网发展历程和内在逻辑的读者可以选择跳过第一部分。建议大多数尤其是非互联网行业的出海读者阅读这一部分，系统性地了解一下互联网行业的历程，也让其中的一些案例和思考能够更有效地被吸收。

第 1 部分

了解中国互联网公司

第 1 章

鲨鱼与鳄鱼

"eBay 可能是条海里的鲨鱼,可我是扬子江里的鳄鱼,如果我们在海里交战,我便输了,可如果我们在江里交战,我稳赢。"

——阿里巴巴集团创始人马云,2003 年

外卷：中国互联网巨头的全球征途
Seeing the Unseen Behind Chinese Tech Giants' Global Venturing

2003 年，美国头部电商平台 eBay 刚刚进入中国，同年淘宝网创建，大多数分析师和投资者都不看好年轻的阿里巴巴推出的淘宝网。毕竟，与当时市值超过 300 亿美元的 eBay 相比，淘宝在天使轮获得的 1 亿元人民币投资根本不值一提，更不用提电商技术、公司声誉和人才吸引力各方面的差距了。

但是阿里巴巴创始人马云很有信心：他说，在海洋里，鲨鱼会赢；但在河里，赢的是鳄鱼[①]。

一年后的 2004 年，淘宝在中国全方位超过了 eBay，完全打破了分析师和投资者的预测。同年，又一条巨鲨闯入长江：亚马逊通过收购卓越网进入中国。

从那时起，亚马逊的市值已经从 150 亿美元涨到了 1.8 万亿美元，但是即使如此它也没赢得中国市场。2019 年，亚马逊在中国电商市场销售额的占比还不到 1%，最终选择退出中国零售电商市场，至此中国鳄鱼又战胜了鲨鱼。

[①] 原文出自阿里巴巴前美籍高管 Porter Erisman 制作的电影《扬子江大鳄》（"Crocodile in the Yangtze-the Alibaba Story"）。不过从动物分类学角度看可能有些不准确。扬子鳄是一种短吻鳄，英文叫 Alligator；而 Crocodile 一般是指长吻鳄。

大家都知道马云，很多投资者和创业者研究过他的各种演讲，备受投资者和创业者推崇。

然而，很多人都不太了解这位求职时被肯德基拒绝的人为什么，以及怎么能建立起全球最大的消费互联网公司之一，还有他在中国和 eBay 及亚马逊的竞争结果为何与所有之前的理性分析都大相径庭。

虽然许多分析都集中在阿里巴巴与亚马逊的策略及马云的个人特点上，但我们认为真正的答案不外乎我们之前提到的如下因素：人、组织、产品，以及最终的领导力。

中国背景下以弱胜强的故事并不少。1949 年，毛泽东领导的中国共产党击败了资金更雄厚、装备更先进、人数更多，并且有美国支持的国民党，建立了中华人民共和国。

马云和他的 17 位阿里巴巴联合创始人也一样。他们出身普通，并不是因为想改变世界拒绝了什么优渥的工作，而是没有更好的选择。在阿里巴巴成立的 1999 年，中国的人均 GDP 只有 873 美元，和当时的印度尼西亚一样，只是美国的 5%。

马云让大家都给自己取个绰号（"花名"），大多从武侠小说借鉴。马云的绰号是香港小说家金庸《笑傲江湖》中的一位老剑客，叫风清扬。

阿里巴巴早期的员工当时都很年轻，他们完全不用考虑现在流行的"工作生活平衡"，颇有点光脚不怕穿鞋的这个意思。

阿里巴巴在快速成长的过程中在人员和组织上也下了大功夫。给各级管理层都提供充分的培训，同时在集团、事业部、子公司和部门各级任命了首席人事官（CPO）。"拥抱变化"曾经是阿里巴巴的价值观之一（后来改成"唯一不变的是变化"）。

阿里巴巴的早期产品非常契合电商买家及卖家的需求：B2B 网站让数以千计的中国厂商得以向全世界宣传自己的产品；当时淘宝网尚显得杂乱的界面让卖家有更多空间和工具展示他们的产品。因为网上信息不透明，他们就做了阿里旺旺，让卖家和买家能够直接沟通；支付宝则解决了当时银行不愿意为缺乏信任的小额交易提供第三方托管服务的问题。

当然，阿里巴巴做到的远不止这些。每当他们碰到新的问题，他们就造一个新产品，或者创建新公司甚至新的集团来解决。除了各种电商平台，阿里巴巴的生态系统目前还包括物流平台（菜鸟物流）、金融科技平台（蚂蚁金服）、云技术（阿里云）、本地服务（高德地图、饿了么和口碑网餐饮点评）、生活方式业务（阿里巴巴数字媒体和娱乐集团）等（见图1.1）[①]。

马云对外是公司的发言人，对内更是一位精神领袖。公司面对挑战时，他能把组织凝结成一股团结一致的力量[②]。

大家不禁思考，如果有一天中国的市场规模不再能满足阿里巴巴的增长胃口，鳄鱼能去大海里游泳吗？

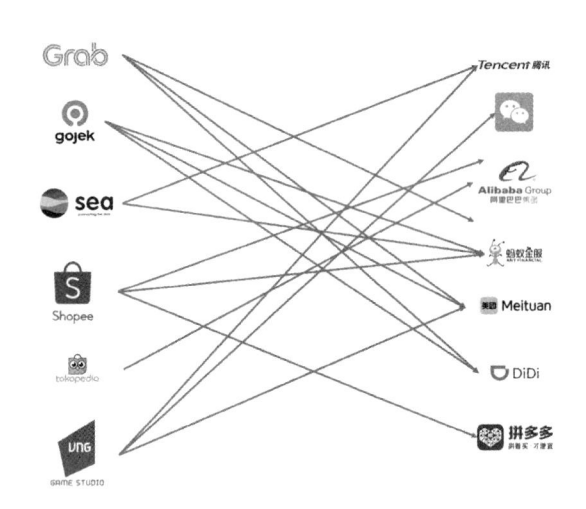

图1.1 阿里巴巴集团

[①] 2023年3月，阿里巴巴开启了历史上最大的改革。在外部竞争环境发生巨大变化，而组织已经拓展到了将近25万名员工的背景下，改革是必要的，但也是艰难和痛苦的。在本书中文版截稿时，阿里巴巴的改革还在进行中。

[②] 马云已经在2019年退休，但是他在阿里巴巴仍然保持了强大的号召力。在目前的阿里巴巴变革中，马云曾多次在内网上发文给予现在管理层大力的支持。

江鳄出海进行时

快进到 2022 年，已经上市许多年的阿里巴巴有点像当年的亚马逊。集团有许多子公司，业务覆盖诸多领域并且向全球扩张，俨然一条"鲨鱼"。

故事要从 2014 年说起，当时阿里巴巴估值是 eBay 市值的三倍多，以当年最大的 IPO 规模在纽交所上市。

这家规模巨大的头部公司将目光放向了全球。2015 年，马云鼓励他的团队定了个小目标：为全球至少 20 亿人提供服务。他后来在不同场合多次重申了这一目标。

他的继任者、阿里巴巴董事局主席兼首席执行官张勇[1]将马云的战略愿景转化为实际执行计划：要实现（服务 20 亿客户）这一目标，"我们一定要走向国际化"。2017 年，阿里巴巴提出了"全球买、全球卖、全球付、全球运、全球游"的战略。

在这个愿景下，阿里巴巴的跨境子公司速卖通给了中国电商卖家一个触达全球消费者的平台；阿里巴巴集团收购了东南亚的 Lazada、南亚的 Daraz 和土耳其的 Trendyol 等电商平台；阿里云在雅加达、悉尼、迪拜和法兰克福等全球多个城市部署了数据中心。

阿里巴巴的关联公司蚂蚁集团更是在全球范围内极为活跃。从支付宝起家的蚂蚁是印度尼西亚 Dana、马来西亚 Touch'n Go、菲律宾 GCash、泰国 TrueMoney、越南 eMonkey 和缅甸 Wave Money 的主要股东或合资伙伴，还控制了 Lazada 的支付子公司 helloPay[2]。

---

[1] 张勇已于 2023 年卸下董事局主席和 CEO 的职位，分别由联合创始人蔡崇信和吴泳铭接任。
[2] 蚂蚁和菜鸟与 Lazada 的关系是一个非常值得研究的案例。理论上蚂蚁和菜鸟可以用自己在中国市场获取的经验、实力和资源来赋能 Lazada；而实际上在很长一段时间内各方的协调反而拖慢了 Lazada 在竞争环境中的应变速度。

除东南亚外，蚂蚁金服在印度是头部支付公司 PayTM 的主要股东，另外，蚂蚁金服在韩国、巴基斯坦和欧洲部分地区等也都有布局。

然而，阿里巴巴集团的全球扩张之路并非一帆风顺。阿里巴巴集团需要摸索出自己的战略和执行方式来把自己的经验、人力和财力复制到国外市场更复杂的环境中。就像同一种鳄鱼不是在哪条河口都能繁衍生息，背后是有原因的。

亚马逊和 eBay 在进军中国市场时碰到了很多问题，相应的阿里巴巴在拓展海外市场的过程中也一样。产品、员工、组织架构一系列问题和挑战都在考验他们。

但我们认为，即使有相似的地方，阿里巴巴跟亚马逊在历史、领导力、组织和企业文化上有本质上的不同；面临相似的挑战，也不会作出一样的反应。

因此，阿里巴巴全球化过程中有很多成功因素和经验教训值得学习，我们将在本书中结合其他主要中国互联网公司的经验和案例进行扩展和讨论。

亚马逊退出中国：有计划、有控制、有方法

2019 年，亚马逊关闭了在中国的电商平台业务。虽然有许多分析将其归咎于中国市场政策倾向本土企业，但也有一些分析指出了更现实的问题：亚马逊不懂中国消费者的偏好，拼不过本土品牌，平台用户体验差，以及选品标准严格导致的品类太少。

亚马逊的一位中国前高管在 2015 年就私下说过："我们团队通过对数据的预测得出的结论是亚马逊中国未来四年的销售额会持续下降，直到关门。"

我们问他："那你们打算怎么办？"

> "不怎么办,我干嘛去出这个头呢?"这位主管这么回答我们。"反正决策都是在西雅图总部做,我们只需要跟着做就行了。"
>
> "决策是指?"
>
> "根据预测销售额的下降,减少在仓库和物流的投入"。
>
> 这样的"数据驱动的理性决策"自然会让亚马逊的中国电商业务陷入一个下降螺旋。
>
> 难怪亚马逊后来(2018年)开始在公司领导力原则中加入了"好奇求知"这一条,告诫高管不要因为依赖公司的惯性而产生惰怠。

鳄鱼的天然栖息地

那么,阿里巴巴和同期的腾讯、百度、美团、字节跳动等公司是如何迅速成长为巨头的呢?我们先来讲个故事。

几年前,我和一群中国投资者去雅加达,我记得我们当时从威斯汀酒店52层的酒廊向外眺望,他们就奇怪了:"为什么雅加达还有这么多低层建筑?太浪费空间了"。

他们有他们的理由:本世纪初,中国大部分城市经历了一波旧城改造。很多原本低矮的建筑都被拆迁,改建成高层住宅小区和相应的商业配套设施。结果是整个城市都是高楼,失去了原本的街坊特色和很多人几十年来熟悉的家园环境。

对传统文化来说是对是错不好说,我们却不得不承认由此规划过的社区实实在在地成为了电商、外卖、新零售和许多其他新商业模式成功必要的基础。

不可否认,政策制定者为了提效不惜破旧立新,为互联网创业铺平了发展的道路，让他们成长的速度更快、天花板更高。

社会文化方面还有更深刻的原因：不管是土地所有权的集中，标准普通话的推广，还是九年义务教育的普及——扫除了很多成为单一市场的障碍。

这听起来读者可能觉得没什么了不起，但要知道中国原本是个多么分散的状态：战争期间，主战场上来自不同省份的师团因为方言不通，很多时候没法有效协同作战。

在20世纪的大部分时间里，成功的华人企业家几乎都是在中国大陆以外发家致富的，尤其在中国台湾地区和东南亚各国。相比之下，中国大陆因为多年的战乱和动荡，在这段时间内几乎没有成功的民营企业。

历史上一个关键时期是1978年邓小平发起的改革开放。之后，更务实的政策逐渐取代之前的保守。正如邓小平所说，"不管黑猫白猫，只要捉到老鼠就是好猫"。向务实政策的转变和对经济发展的关注促进了数百万中国人的增长潜力和创业热情。

邓小平反复强调"发展才是硬道理"。国内外成功的企业家成为年轻人的偶像。马云、马化腾和其他许多人离开了原本的生活轨迹，创建了自己的公司；百度创始人李彦宏等人也是在此期间辞去了美国的工作，回到中国加入他们的行列。

在基建方面，政府全面推动高铁、公路和航空网络建设，实现了高效物流和人员流动，并且给予了各地的开发区完整的配套设施。我们知道的是，印度的创始人都很羡慕这点。

但是这种建设非常需要提前去规划——上海浦东国际机场是在1999年竣工投入使用的，届时已有的虹桥国际机场都还没有满负荷运行，所以当时社会上很多人觉得没有必要。然而短短几年后，新机场就已满负荷运转。

全速前进

2001年，经过十多年的谈判，中国正式加入世界贸易组织，这是一个关键时刻。

从那时起，已经摆脱计划经济束缚的中国经济开始飞速发展。凭借政府的扶持政策、快速改善的基础设施及新发现的全球市场准入机会，中国的制造业开始腾飞。

在过去20年里，流入中国的外国直接投资（FDI）从2000年的400亿美元增长到2020年的1 630亿美元[6]，超过了流入美国的外国直接投资。

在这20年里，中国已成功建立了一个庞大、深入和复杂的供应链，其整合带来的好处超过了劳动力成本的增长。

曾经，海外媒体热议的"中国供应链外移"并没有发生，完整供应链外移的成本太高了，而且也很难找到一个单一国家能够有效地承接。

国有电信公司建立了几乎覆盖全国的4G（现在是5G）移动网络，甚至是在居民区的电梯里，以及中国西部偏远、人口稀少和欠发达地区[1]。

中国消费电子产品制造商利用这一基础设施，迅速抓住了机遇。据政府统计，2010年，只有不到3亿人接入互联网；到2015年，这一数字已超过6亿；到2020年，有超过10亿人接入互联网[2]。

---

[1] 对于在人口稀少和欠发达地区投入基础设施是否值得的问题，有两方面的考量：经济上和政治上，而且从全局的角度来看与每个区域单独来看得到的结论很可能不会相同。

[2] 根据中国互联网络信息中心2024年3月发布的第53次《中国互联网络发展状况统计报告》，截至2023年12月底，中国的网民总数达到10.92亿。

除了人员和货物的流动，现在企业也能够通过移动互联网直接触达数以亿计的消费者。

人人都有 KYC

中国居民在银行开户时必须进行身份认证(KYC)：身份证、面部识别、手机号等验证。

因为银行已经如此要求，支付宝和微信支付直接免了自己承担成本高昂的完整 KYC 流程，只需要求客户绑定银行账户并验证手机号码，就可以吸纳数以亿计的新用户。

海外知道这个背景的人不多，但这是移动支付迅速崛起的关键因素之一。而海外看中了新兴市场庞大的无银行账户人数的金融科技公司，往往要在 KYC 上面投入高额成本而发展受限。

实际上，中国在相对较短的时间内创造了一个巨大、人口众多、消费能力庞大、基础设施完整的单一市场。除了中国，符合这个标准又规模相当的只有美国[①]。

有趣的是，在经济大规模发展的早期，中国人曾经一度很担心传统文化的流失，后来发现这种担心其实是没有必要的。随着消费水平的提高和中产阶级的扩大，许多曾被担心失传的传统文化重新走入人们的视野。例如，比起 20 年前，现在的人们更关注传统节日了，包括年轻人。汉服也重新开始在年轻人群中流行起来。

这种基础设施的跃变也影响了中国互联网从业者的看法。因为中国市场的规

---

① 目前人口已经超过中国成为世界第一的印度国内市场由于语言、文化、政治体制和基础设施的原因，还不完全是一个单一市场。印度现任总理莫迪在过去的 10 年中做了很多统一市场的工作（比如实施统一的消费税），但是积弊太多，市场统一尚需时日。

模和环境的独特性,导致了很多中国的模式和打法在海外不同的市场环境中并不能有效复制。所以出海的无论是互联网还是其他行业的企业必须要牢记这一点,不然很可能很快就会碰壁。

政策鼓励创业

2014 年,时任总理李克强提出"大众创业、万众创新"的口号,掀起了科技创业的热潮。

大众创业、万众创新

2014 年 9 月的中国天津市夏季达沃斯论坛,李总理在其演讲中首次提出了"大众创业"的概念。他在演讲中说:

"要借改革创新的东风,在 960 万平方公里大地上掀起'大众创业''草根创业'的新浪潮,形成'万众创新''人人创新'的新态势。"

两个月后,他在另一个论坛上重申,互联网是这种创业和创新的关键驱动力。在 2015 年 3 月的全国两会上,李克强进一步强调要让大众创业、万众创新成为中国经济持续发展的"双引擎"。在当年的政府工作报告讲话中,他 63 次提到"创新"或"创业"。

这里传达的意思即使对海外不熟悉中国语境的朋友应该也是相当清晰的。

就像打个喷嚏就能让全球资本市场感冒的美联储主席一样，中国领导人在发表政策讲话之前也会仔细斟酌的。因为话一出口，全国就会对其加以解读并行动。

数千亿美元的风投储备，数以万计的初创企业应运而生。虽然最大的互联网公司并非直接由此而来，而且在这一过程中也会有资源浪费，但这确实让各行各业都出现了一堆初创企业，使整个互联网生态系统更加深入和丰富。

李克强总理一年后又提出了"互联网+"的口号，号召企业家利用互联网为金融、制造、物流、教育、医疗等传统行业赋能。我们相信，李克强总理的深意是中国的许多传统行业并不像西方同行那样成熟或具有竞争力，而互联网是让它们实现全行业增效和跨越式发展的潜在途径。

中外互联网的隔阂是好是坏？

在国外，很多人将中国互联网巨头的成功归功于中国的政策保护了本土企业。毕竟，Facebook 和谷歌等巨头不能在中国提供服务。

然而，事实是，互联网在中国境内发生了激烈的竞争。互联网公司再成功，其创始人也安不了心，他们必须不断抵御现在的和即将出现的竞争对手。阿里巴巴面临着拼多多的战；腾讯在过去几年努力抵御字节跳动的冲击；百度在搜索和网络广告领域的领先地位一度看似牢不可破，但现在又远远落后于其他巨头。

在国际巨头能够充分竞争的领域，西方互联网公司也没能够在中国有效竞争得过本地的对手。亚马逊、eBay、Groupon 和 Uber 还是照样输给了国内的阿里巴巴、美团和滴滴。

然而，尽管中国互联网巨头的产品、资本、人才和组织能力放眼全球都很有竞争力，但当这些公司走出国门时会发现，他们的种种长处都是在相当独特的生态系统里为中国市场量身定制的，并不是放之四海而皆准的。

相比之下，美国互联网公司一直有全球的受众，并且能够在每个国家都能雇佣到说英语的精英——在全球市场上这样的优势是天然的。

驾驭运气和时机的浪潮

正如您所看到的，阿里巴巴的成功不仅仅是纯粹的勇气和天赋，他们采取了一些战术——他们战略灵活且擅长通过商战来创造和占据市场份额，我们将在接下来的几章中介绍这些内容。但是在这些表象之下，还有更多值得探讨。

在 21 世纪初的中国取得成功的人都很了解中国市场。你必须了解中国正在建设什么，企业会如何从中受益（或被淘汰）；必须在正确的时间、正确的地点与正确的人在一起，还要比竞争对手更加努力。

这些经验至今仍然适用。不论是潜在的合作伙伴或是竞争对手，去研究一个中国企业的时候，都需要着眼这些宏观领域。

虽然 eBay 和亚马逊在中国的失败可以被归因为他们不了解中国本地市场及中国市场与美国市场的差异，而作出了错误的战略决定——这点许多教学材料和研究报告都有相关解释，但我们不能否认，阿里巴巴的奇迹依赖于中国宏观环境的几个关键推动因素，其中包括：

- 中国作为世界工厂有产品溢出（供给方）。
- 数十年的经济增长带来了大量的有消费能力的居民（需求方）。
- 基建的改善减少了线上交易过程的麻烦，国内市场得以大规模建设。
- 智能手机和移动互联网在短时间内将数亿消费者连接到网上。

- 拥有受过良好教育、勤奋的庞大劳动力。
- 稳定的政府和有利于经济发展的政策。
- 竞争激烈的国内市场培养了一代又一代的优秀员工和企业家。
- 有来自海外的大量美元资本愿意来扶持互联网企业创业并从中赚取回报。
- 互联网公司的成功激励更多的青年人才成为创业者。

总之,这不是魔法,也不是简单的宏观调控,而是各种因素在特定时机的集合。我们经常和投资者朋友们讨论,其他发展中的大国(比如巴西、印度尼西亚和土耳其)是否也会出现同样的情况。

我们的结论是,互联网一定会发展,但都与中国不同。而且几乎不可能会产生这么多的成功的互联网公司。

第 2 章

中国互联网的战略与战术

战略上藐视敌人,战术上重视敌人。

——毛泽东主席,1948 年

第一章中描述的各种顺境和逆境，可能让你觉得那些取得成功的中国科技公司很幸运。没错，他们是很幸运，在正确的时间出现在了正确的地点，但他们的成功不是必然。

因为在每个细分的行业和商业模式里，早期都会有几十上百家，有时甚至上千家公司进行激烈的竞争。成功与否更取决于创业者本身，他们的战略及执行力。

在本章中，我们将探讨企业家如何从毛泽东主席著作中汲取营养，驱动创新，把人们团结起来，让他们不仅为实现梦想而努力，而且还能接受不断变化的环境并忍受工作的辛苦。

这些都是决定中国互联网领域成功案例的关键因素。

毛主席的创业手册

有趣的是，我们认识许多成功或奋斗中的企业家近年来都在阅读共五卷的《毛泽东选集》，并从中汲取灵感和智慧。对他们来说，毛泽东的著作是已有两千多年历史的《孙子兵法》的当代版本，更实用，更具体。

而且不可否认，毛泽东带领中国共产党在各种逆境下不断突破自己，最后实现革命的成功，本身就是一个伟大的创业者。

毛泽东卓越的军事和政治战略让他能带领共产党抗击日本侵略者，在解放战争中战胜装备更为精良的国民党军队，20世纪50年代又在抗美援朝战争中和全世界最精良的美军打了个平手。

所以他是如何取胜的？有一套战术能够让指挥官在力量占劣势的情况下灵活使用游击战和运动战来争取主动并最终胜利。游击战这个概念很好理解，而运动战则是不断移动队伍，并在每次具体的战斗中确保军事上占绝对优势消灭敌人的有生力量。

指挥官会根据具体情况，选择使用游击战或是运动战。敌我力量悬殊时，就把部队隐蔽为小规模、机动灵活的独立游击队。毛泽东把这个总结成了容易记住和传播的十六字诀："敌进我退，敌驻我扰，敌疲我打，敌退我追"。

一旦有相对充足的军事力量，就转到运动战。志愿军在抗美援朝中采用了这种方法——虽然整体实力远远弱于美国军队，但在每一个小战场上，志愿军都能在人数和地形上占据优势。

毛泽东战略思想的另一个例子是"农村包围城市"。

共产主义革命初期的理论是效仿前苏联的经验：组织城市工人进行抗议暴动，最终夺取政权。然而，这一战略在中国的环境下远没有在当时的前苏联那样有效。

阅读了大量中国历史的毛泽东则对这一战略提出了质疑。他认为，中国基本上还是一个自给自足的农业社会，大量力量在农村。要想革命成功，共产党必须放弃以工人为中心的理论，在农村建立根据地，积累力量，最终包围城市。

他并没有说城市里的工人不重要。事实上，他始终认为工人应与农民一起成为革命的核心。然而，他很现实地在一开始就把注意力放在了农村。

中国共产党在农村和山区基地积累了足够的力量后，就迅速而果断地展开了对城市的进攻。

根据同样的方法论，阿里巴巴首先选择了 C2C 市场，通过用丰富的低价产品吸引个人买家从而实现电商平台业务量的突破。平台起量了以后，规模带来了效率，阿里巴巴就向价值链上游移动，建立起以品牌为核心的天猫商城[①]。

拼多多一直在用同样的策略挑战阿里巴巴在电商领域的大哥地位，而美团的线上旅游业务也是一开始就从大众需求而不是五星级酒店出发。

传统西方的商业逻辑则不一样，认为创新公司应该从一开始就专注于大额订单和更高的利润率。Uber 以专车服务起家，然后才转向大众出租车市场；而特斯拉是先推出了一款高档汽车，然后以此建立自己的品牌和证明自己的能力，进而扩大量产规模进入大众市场[②]。从拉丁美洲的美客多到波兰的 Allegro，很多新兴市场的电商平台也是使用的这个战略——先建立一个相对高端的线上购物中心，然后再通过建立线上集市来拓展人群。

这里没有对错之分，只有哪种策略更适合某个特定时间点的特定市场。对此，毛泽东曾说过，"没有调查就没有发言权"。毛泽东还有一篇很多企业家都读过的文章——1930 年的《寻乌调查》。在这篇长达 8 万多字的文章中，毛泽东详细介

[①] 在 2023 年开启的阿里巴巴重组中，一个重要的战略就是重新回到对淘宝的重视。这看起来是对之前几年以品牌为主的天猫的否定，但其实更多的是对组织内部过于重视天猫而忽视了淘宝这一重要根据地，让拼多多能够有机可乘的纠正。

[②] 马斯克在 2006 年的一篇名为"特斯拉的秘密宏图（你知我知）"的博客文章中具体解释了特斯拉的这套战略。这篇文章以及 2016 年出版的"第二篇章"都可以在特斯拉的网站上找到。

绍了寻乌这个江西省偏远山区小县的历史、农业、商业、手工业、土地所有制和主要社会矛盾，调查非常细致详实，对制定革命策略有很大的帮助。

我们认识的很多互联网企业家会利用这份报告作为基准，评估自己所处的市场，决定未来战略，定义产品方向。

复制、极端竞争及更多

敢为天下后，后中争先

——步步高集团董事长段永平

另一种战略"妙招"是抄袭，这一点尤其在西方语境中颇受争议。中国企业家们不仅抄袭美国的科技产品和商业模式，企业之间也相互抄袭。

因此，任何新出现的商业模式都会很快陷入一场激烈的大乱斗中，几十几百几千家公司做着看似完全相同的事情。

在传统行业中，建立供应链、分销网络和客户群需要花费数月甚至数年的时间，而有了科技和移动互联网基础设施，企业发展的每一个环节时间都被压缩了。

当时有很多在中国经营的外企，可能并不了解这一点。

2010年，Groupon凭借其在美国和欧洲的成功经验，决定以团购的商业模式进军中国。他们找到了合适的盟友——和腾讯成立了一家合资公司：高朋网[①]。

[①] 互联网圈内的很多朋友可能会知道德国的Rocket Internet——一家以复制美国互联网商业模式在全球市场快速落地的著名公司。Rocket 孵化的公司包括了后来被阿里巴巴收购的东南亚电商平台Lazada及欧洲时尚电商Zalando。但很多人不知道的是Rocket早期在Groupon刚起来时迅速在欧洲复制了其商业模式，建立了CityDeal。2010年Groupon收购了CityDeal，并把Groupon海外的业务交给Rocket的创始人Samwer三兄弟运营。也就是说，高朋网也是Samwer兄弟负责和指挥的。

然而几乎是一夜之间，中国出现了数千家相似的团购网站，其中包括满座网、拉手网和美团网。在中国注册的团购企业一度超过 5 000 家。

在这场著名的"千团大战"中，很多公司采用了与 Groupon 几乎完全相同的商业模式，导致竞争惨烈。一些公司发展了地推销售队伍，向商家提供更优惠的条件，只求以此挤走竞争对手。

Groupon 坐在欧洲的经理们不了解他们在中国所处的竞争环境。他们成功的商业模式是有道理的，只是他们没有意识到中国的竞争有多激烈，结果反应太迟钝。高朋网在中国的第一个合作商家就在成功上线的当天被拉手网的地推团队抢走了。

在之后的 10 年里，还有很多类似的故事：出行、O2O（线上到线下）、共享单车、共享雨伞、充电宝、直播、跨境电商、社区团购等。就连技术含量更高的智能手机制造、人工智能、人脸和语音识别、虚拟现实和电动汽车[①]等领域也未能幸免这样的广泛竞争。

可以看到，不仅是中国企业单方面抄袭国外公司的模式——Groupon 也想把它在海外的成功经验复制到中国；而中国国内的公司之间竞争的激烈程度在其他市场里从未见过。

中国的互联网公司和商业模式在这个由于语言和环境相对封闭的生态系统中，有着自己的发展轨迹。巨大的市场和激烈的竞争孕育出一批独特的公司。

投资者和创业者一直都知道，只有少数企业能够存活下来并茁壮成长。在这一过程中，教育了市场，培养了经验丰富的人才，（一些人）也积累了大量的财富。

这种竞争体系反映了通过竞争和快速迭代能够实现快速创新。竞争者为了生存，必须持续创新以增强竞争力，而当成百上千的竞争者都这样做时，整个行业和相关生态系统就会快速发展。

---

① 本书英文版截稿的时候，新能源/电动企业行业的竞争还没有进入白日化。但是经过几年的积累，进入到了 2024 年这个趋势就再明显不过了。

比方说，中国的智能手机制造商面对激烈竞争想要出奇制胜，一些制造商开始了创新：给建筑工人们设计的手机可能带有七个立体声扬声器；而给在非洲路上的推销员设计的手机电池续航达到一个月。持续创新设计、推出新品和快速测试产品再迭代，这些商业行为与世界各地商学院教授的设计思维（Design Thinking）概念非常相似。

仅仅复制是不够的

华为前任和现任高管和我们交谈时都指出，成功的关键因素是让客户满意，为此企业应不遗余力。

"最初，华为和中兴其实也认识到了自己产品的劣势。为了生存，他们决定用更快更好的客服服务来弥补这一劣势，"一位华为前高管告诉我们。"西方大公司通常有截然不同的竞争环境和产品优势，因此很难在整个组织内部形成紧迫感，去拼客服。"

时至今日，华为依然把服务客户的精神发挥到极致。一家大型消费互联网公司的首席技术官（CTO）告诉我们，只要他们的网络出现问题，即使可能不是华为产品造成的，甚至是华为的竞品造成的，华为的工程师也会迅速赶到现场，想方设法解决，都不会问到底应该由谁负责。

总之，有些商战可能很快就会结束，胜负分明后他们的经验教训也将载入中国科技史册。

失败的创业者经常还会另起炉灶，迫使竞争继续。所以在一次竞争中胜出的企业很难坐享其成，新的竞争者不断涌现，有友商的高管出来创业，还有新玩家进来改变整个行业。

相比之下，许多美国企业家出身优越，很早就接触到电脑。他们往往有远见和决心去创新和改变世界。美国社会也推崇原创性、革命性的想法，以至于Facebook创始人马克·扎克伯格（Mark Zuckerberg）至今仍因为抄袭过他人的想法被人非议。

齐心协力

现在，我们已经了解了中国互联网公司的成长环境，以及他们所采用的战略和策略。然而，不管他们有多幸运，战略多正确，最终把事做成的还是人。

在持续激烈的竞争环境中，如何让员工努力工作并击败竞争对手？如何以最有效的方式组织？人和组织是大型互联网公司创始人最关心的问题，也是创业者讨论最多的话题。

阿里巴巴的马云被塑造成一个偶像来激励他的员工。但这还不够，阿里巴巴的早期核心团队还设计了一整套价值观、方法论和组织实践，以确保各层级的人员保持思想一致。我们将在第5章（人）和第6章（组织）中更详细地讨论这一概念。

阿里巴巴的马云和京东的创始人刘强东都曾经公开倡导过"996"文化——每周工作六天，从早上9点工作到晚上9点，并声称"能够996是修来的福报"[①]。阿里巴巴集团的六大核心价值观之一是"此时此刻，非我莫属"。

---

① "996"在近年尤其是疫情之后备受争议，我们认为并不是因为"996"本身或者是新一代的年轻人有不同追求，而是有更深层次的经济和社会原因，在本书之后的章节会讨论。

中国互联网的战略与战术　第 2 章

> **此时此刻，非我莫属**
>
> If not now, when? If not me, who?
>
> （阿里巴巴集团六大核心价值观之一）
>
> "这是阿里巴巴第一份招聘广告中的标语，也成为我们的第一句箴言。这不是一个问题，而是一种责任。这句谚语象征着每个阿里人都必须具备的主人翁意识"。

大型科技公司要求员工付出额外的努力和时间。作为回报，员工获得的不仅是额外的薪酬，还有股票期权，并且希望有朝一日股票期权能给他们带来财富自由。

21世纪第二个十年初，大型互联网公司超过外企和金融机构，成为应届毕业生的首选雇主。

正如第一章所提到的，大型互联网公司的早期员工往往在社交生活中无暇顾及其他事情，而选择把时间投入到工作中。

对他们中的许多人来说，目的不是改变世界，而是创造个人财富，为家庭带来荣耀。

对变化的态度

唯一不变的是变化。

——马云

除非身临其境，否则很难真正体会到中国互联网公司所面临的激烈竞争。众所周知，Groupon、Uber 和亚马逊都是来势汹汹、十分具有侵略性的公司，但它们在中国的业务中都纷纷败下阵来，这或许能反映外企在中国面临的挑战。

除了产品和运营，许多中国互联网巨头在不断更新迭代组织架构，他们在这方面调整的速度对很多传统跨国大公司而言前所未有。一个可塑性强的组织不断进行战略调整以适应瞬息万变的外部环境至关重要。当市场充满不确定性，未来的道路模糊不清时，组织就需要随时做好变革和适应的准备。

然而，人性是不爱改变的。在心理上，我们可能理解变革的必要性，但在实际上，人们往往更愿意维持现状，因为改革通常伴随着不确定性和焦虑。这就是"领导变革"成为商学院热门高管课程的原因。

阿里巴巴集团的马云一直倡导拥抱变化。他退休之前在多次公司内部及外部的演讲中宣扬了这个点。

2011 年，阿里巴巴的高管们就公司未来的战略方向——主要消费电商平台淘宝网应采取哪种模式——展开了激烈的辩论。马云没有进行更多的战略演练，而是决定将淘宝拆分为三个实体：一淘网、淘宝网和天猫商城，让它们相互竞争。

要对一家历史悠久的公司进行重组，并将其员工重新分配到具有竞争力的岗位上，并非易事。但阿里巴巴在很短的时间内就做到了这一点。

事实上，阿里巴巴几乎全年都在进行小规模重组。我们认识的一个人在 1 年半的时间里换了 5 个老板，创下了记录；我们认识的另一个人在阿里巴巴工作的 3 年时间里经历了 6 次重组。

同样，华为公司也强迫其高管每两到三年更换一次岗位和工作国家。他们打算创造一种不断变化的文化，避免大型成功跨国公司常有的固态守旧问题。

变化是唯一的不变

（阿里巴巴集团六大核心价值观之一）

"无论你是否改变，世界都在改变，我们的客户在改变，竞争格局也在改变。我们必须以尊重和谦逊的态度面对变化。否则，我们将无法看到它，无法尊重它，无法理解它，也无法赶上它。无论是改变自己还是创造变革，都是最好的变革。拥抱变化是我们基因中最独特的部分。"

这种灵活性和不断变化使中国大型科技公司能够适应国内市场瞬息万变的环境。高层领导能够感知市场的变化，迅速调配人员和资源，应对变化，解决问题，抓住机遇。这也让高管们时刻保持警惕，不敢懈怠。

然而，这种方法和心态在中国互联网企业的海外拓展中证明是有问题的，这将在第二部分中详细讨论[1]。

艰苦是一种美德

毛泽东能在革命中成功，靠的不仅仅是他高超的战略战术。在整个革命过程

---

[1] 后来的经验也证明，不只是在海外拓展中，在国内这种方法在组织到达了一定的规模和复杂性的时候也会出现问题。当领导者不能够及时抓住关键矛盾，却把变化的文化传导到了整个组织的时候，结果就是组织内部进行了很多敲敲打打的变革，而对外部竞争和市场变化最核心点的反应能力被削弱。

中，他经受了巨大的磨难：失去六位亲人，并在早期多次被受过俄式教育、更加国际化的共产党领导层派系排挤。

许多成功的中国互联网创业者也曾面临巨大的困难。这也提醒中国第一代创业者，在逆境中吃苦耐劳是一种美德，有助于未来的成功。

华为曾多次将其所面临的艰难困苦作为激励员工的工具，比如特朗普政府的禁令、创始人任正非早年的经历、华为发展的过程。创始人任正非早年经历过文化大革命、当过兵，好几次面临死亡，在带领华为从一家小型电子制造商变为全球网络和消费电子巨头的过程中，他也经历了重重苦难。

同样，阿里巴巴在招聘主管时，也把"必须吃过苦"作为一项招聘标准，这反映了马云早年在肯德基兼职面试时多次被拒的经历。

能够吃苦实际上是要求人的韧性和毅力，因为管理者知道他们的事业将是艰苦的。硅谷企业家、风险投资公司安德森·霍洛维茨（Andreessen Horowitz）的合伙人本·霍洛维茨（Ben Horowitz）在他的《创业维艰》（The Hard Thing about Hard Things）一书中这样总结道：

每当我遇到一位成功的 CEO，我都会问他们是如何做到的。平庸的 CEO 会说他们有出色的战略举措、直觉敏锐的商业嗅觉或其他各种自鸣得意的解释。伟大的 CEO 的回答往往惊人地一致。他们都说："因为我没有放弃"。

第 3 章

所有人都在出海

这些模式在中国变形、创新、放大,然后向全球输出。在可见的未来,这些壮举还会在很多领域再现。

——罗振宇 2017—2018 年跨年演讲《中国式机会》

从21世纪第二个十年中期开始，中国的互联网企业和企业家借助在国内市场的快速成长所积累的经验、资本和人才，开始积极探索全球市场。一大理论背书就是软银在2000年年报中详细介绍的"时光机理论"（Time Machine Theory）。

软银的创始人孙正义，在日本及全球享有盛名。他领导的愿景基金（过半资金来源于沙特阿拉伯和阿联酋），曾在21世纪第二个十年后期对WeWork、Uber、DoorDash和Opendoor等著名公司进行了投资。孙正义不仅是阿里巴巴的早期投资者，而且至今软银仍是阿里巴巴的最大股东，所以他在中国很出名。

"时光机器理论"虽然在中国的业界广为人知，但在国际上却极少有人知道。这个理论当年在软银年报中并被描述为能"在全球范围内孵化推动美国优秀互联网公司的商业模式"的理论。

这种做法背后的理论很简单：美国因为有发达的经济、基础设施和科技渗透率，所以能够更早出现新的商业模式；相同的商业模式迟早也会在世界其他地方出现，软银在这个过程中应该积极参与并投资。

十年后，总部位于德国的互联网集团 Rocket Internet 贯彻了这一战略，并在欧洲、拉丁美洲、亚太地区、中东和非洲复制在美国看到的模式，孵化了数百家互联网企业[①]。

中国科技公司及其商业模式是否会像时光机理论所预言的那样，能够在其他地区被成功复制？

无处不在的突击队

2016 年 12 月，本书作者之一在迪拜，空气中充满了电商即将起飞的兴奋气息。一个月前，由迪拜最大的房地产开发商 Emaar 集团董事长和沙特阿拉伯主权基金牵头的一群投资者宣布，他们将投资 10 亿美元创建一个名为 noon.com 的新电商平台。当月晚些时候，彭博社报道称，亚马逊正在洽谈收购该地区最大的电商网站 Souq，后者已在当年早些时候一轮融资中估值超过 10 亿美金，晋升成为独角兽。

收购的兴奋之余，我们与 Souq 的几位高管聊过。他们也略有担忧。一位注意到一家叫做 JollyChic 的电商公司的物流高管说："这家公司不知从哪冒出来的，在沙特市场发展得特别快，看起来很快就要超越 Souq。"

JollyChic（中文名执御）总部位于杭州。在阿里巴巴出名之前，这座城市在海外商界鲜为人知。当时中东人的困惑在于：这家公司除了产品宣传和应用安装广告，几乎不在网上发布任何信息——没有媒体采访过他的创始人，没有人研究过他的实践案例，甚至他的主要高管也没有领英页面。外界在公共领域找不到关于它的信息。

[①] 虽然"时光机理论"在海外不为人知。但是除了软银和 Rocket 之外，有很多的互联网投资机构（比如 Naspers 和 General Atlantic）建立并执行过类似的全球投资理论，在新兴市场复制已经在互联网行业高度发达的国家（多数是中美）已经被证明过的模式。

这家由电商科班（浙江大学电商专业）出身的湖北人李海燕创立的公司当时已经拥有近 2 000 名员工，大部分团队在中国，但也在约旦建立了一支庞大的阿拉伯语客服团队。然而，在中东与我们交谈过的人中，几乎没有人知道 JollyChic 的创始人是谁，总部在哪个城市，或者公司规模有多大。人们很难理解为什么这家名不见经传的公司能如此迅速地迎头赶上，这让自 2005 年起就在中东运营并且一直是当地头部电商公司的 Souq 感到十分不安。

三个月后的 2017 年 3 月，亚马逊收购了 Souq，收购价据说是 5.8 亿美元左右，比之前的估值折价 42%。急于出售的一大因素是来自 JollyChic 及潜在的 Noon 的竞争。

同月，我们在印度尼西亚雅加达本地电商圈同样听到人们开始谈论一家突然出现的名不见经传公司。J&T Express（极兔速递）这家物流公司在当时成立大概两年，在印度尼西亚已经拥有一万多名员工。与我们交谈过的几家他们的竞争对手公司的高管都很难理解极兔为何能发展得如此之快。一位高管说："我们的经验表明，在印度尼西亚充满挑战的环境中建立物流系统需要多年时间"。同样，极兔的神秘程度与 JollyChic 几乎一样：没有媒体采访、没有案例研究、高管没有领英页面。

谁是极兔？从东南亚到中国的电商物流领头羊

由前 OPPO 经销商李杰创办的极兔，成为印度尼西亚乃至整个东南亚地区领先的电商物流企业。不仅如此，它还在 2019 年经过精心筹备后在竞争残酷的中国展开自己的业务。到 2021 年第三季度，该公司在中国的日包裹投递量已超过 2 000 万件[①]。

[①] 极兔于 2023 年 10 月在香港股票交易所上市。根据公司向投资者披露的运营数据，2024 年第一季度极兔在中国的日均单量已经达到了 4 330 万，而同期极兔在东南亚的日均包裹量达到了 1 130 万。

同样，跨境电商 SHEIN 于 2021 年 5 月取代亚马逊成为美国 iOS 和安卓应用商店下载量最高的购物平台，当时美国大多数 35 岁以上的人都没有听说过它。一个原因是 SHEIN 看不见摸不着，只有线上渠道，是一家纯电商企业，与 Zara、H&M 这些经营众多实体店的品牌截然不同。另一个原因是，他的领导团队没有公开接受过任何媒体的采访[①]。不过，SHEIN 在美国市场，特别是在 90 后女性消费者中的渗透率很高。在疫情中全球消费者越发依赖网购的流行趋势下，SHEIN 的发展得到了进一步推动。

对比 SHEIN 和 Zara 在美国境内的谷歌关键词搜索率可以看到，2019 年大家对 SHEIN 的兴趣与 Zara 差不多，在 2020 年 1 月超过了 Zara（见图 3.1）。快时尚销售额方面，SHEIN 在美国也超过了 Zara 和 H&M。

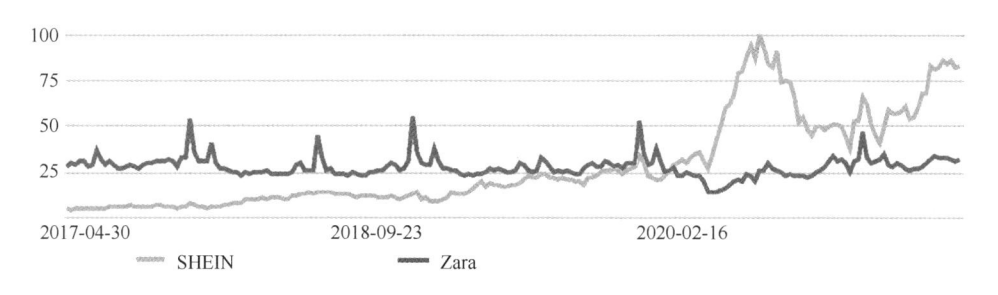

图 3.1　以 SHEIN 和 Zara 为关键词 Google 搜索趋势

这些事件都有一个共同点：中国科技公司在一个庞大的海外市场快速崛起，令当地竞争对手的高层都感到吃惊，他们不明白这些外来企业如何能迅速积累起发展的资源和势能。

与性格张扬的马云不同，所有这些公司的创始人通常都很低调——公众几乎找不到关于他们的任何新闻稿、媒体引文或采访。一家主流国际媒体的记者一直在跟踪报道这类公司，他充满挫败感地告诉我们："四年来我试图对话他们

---

① 美国媒体很长一段时间都不知道 SHEIN 创始人许仰天长什么样，因此经常引用并非本人的错误照片。

的公关团队，没有一家公司能给我一句有意义的话，或者让我见到一位有决定权的高管"[①]。

有趣的是，我们采访过的几位高管告诉我们，中国互联网企业在21世纪第二个十年后期能有信心开始走向海外，部分原因是在国内受到过激烈的竞争。高管们认为，既然他们能在国内竞争激烈的科技市场中生存下来，对于国际市场相对没那么激烈的竞争也应该无所畏惧。

至于这样的想法到底是对是错，还有在实践中带来了什么样的实际问题，我们会在本书的第二部分仔细讨论。

第二波浪潮：世界的 App 工厂

除了打突击战的小团队和众目睽睽的阿里巴巴，其他中国互联网企业也各自使用不同的策略向海外扩张。

2017年，被誉为"App 工厂"的字节跳动收购了拥有2.4亿海外注册用户的"对口型音乐短视频"/"音乐短视频"分享应用 Music.ly。这一收购实现了双方能力的互补：Music.ly 在国际市场有一定基础，但在产品开发、内容创造和视频推荐等方面遇到瓶颈，而字节跳动恰好擅长这些领域。

在接下来的三年内，字节跳动旗下的 TikTok 作为抖音的国际版取得了爆炸性的增长。创始人张一鸣希望发挥公司的核心优势，在全球范围内取得新闻、娱乐、

[①] 2023—2024年全球电商市场最大的事件应该就是拼多多旗下的 Temu 和字节跳动旗下的 TikTok Shop 在美国和很多其他国家的迅猛拓展了。虽然两家公司的核心高管都像 SHEIN 和极兔的高管一样保持低调，但是两者的创始人黄峥和张一鸣还是有很多早期的采访和演讲流传在外。拼多多从2017年上市之后也有很多分析师对其进行过研究。

乃至在线教育、求职、电商和游戏等多个领域的成功[1]。

字节跳动还收购了在东南亚十分流行的多人在线对战游戏《无尽对决》的开发商上海沐瞳科技有限公司。

2020年初，张一鸣将国内业务的管理工作委托给他的团队，承诺多出差并致力于将字节跳动打造成一家真正的全球化公司。虽然疫情给这一承诺带来了挑战，但字节跳动的全球扩张计划仍在持续。当年字节跳动在新加坡的国际总部员工人数增长了近十倍。到了2021年，在中国电商领域取得成功后，字节跳动通过TikTok Shop开始进军印度尼西亚和英国的电商市场[2]。

希望大家也不要在意短期的损誉，耐心做好正确的事。这也是格局大，ego（自我）小。

——张一鸣，字节跳动创始人，2020

这是第一次有中国的大型互联网公司在美国公司（Facebook，现更名为Meta）的本土市场上向其发起严峻挑战。

阿里巴巴、腾讯和百度（简称"BAT"）在21世纪第二个十年中叶支撑了中国大型互联网企业出海的第一波浪潮，它们成功地在中国赢得市场份额后，开始向海外扩张；字节跳动则是第二波浪潮的代表。

然而，这只是冰山一角。JollyChic是如何在无人注意的情况下进入中东市场的，又是如何在后来丢失了自己拔得头筹的机会的呢；极兔是如何在印度尼西亚起家并且有足够的勇气杀回中国市场，在两年内迅速成长为中国电商物流行业的领军企业的；字节跳动又是如何征服美国市场而多次尝试国际化的快手却无法做

---

[1] 字节跳动是一个极致数字驱动公司。在商业化的过程中会尝试各种模式来变现抖音和海外TikTok的巨大流量，然而也会放弃变现效率和投资回报率（ROI）不如人意的的领域。在过去两年中字节跳动已经放弃了在线教育和游戏领域的直接变现。

[2] 2022年，TikTok Shop进入了越南、马来西亚、泰国、菲律宾和新加坡，从而覆盖了东南亚的所有主要市场。2023年TikTok Shop也进入了美国市场，并通过全托管跨境进入沙特电商市场。

到的？在快速时尚这个竞争激烈并且有着 Zara 和 H&M 等巨头的市场中，SHEIN 又是如何打出一片天下呢？

  我们相信，每家公司的文化对成败影响意义深远——在本书的第二部分，我们将深入分析领导力、人、组织和产品等各个组成部分，探讨我们能从这些公司在海外的成功经验和失败的教训中学到什么。

第 II 部分

POP-Leadership

第4章

领 导 力

首先，他们都极其专注、具有极强的市场化驱动力……其次，他们都是长期主义的实践者，非常有进取心、企图心……第三，他们将尊重商业规则放至首位，从某种程度上又改写或者说重塑了很多行业的商业规则……最后，非常成功的企业家都有国际视野。

——红杉中国创始及执行合伙人沈南鹏评价王兴、黄峥和张一鸣

大家都知道中国神话传说中的孙悟空，武功高强却性格叛逆，大闹天宫、地府和龙宫，堪称20世纪八九十年代中国年轻人的偶像。

然而，人们忘记了来自16世纪神话小说《西游记》的孙悟空实际上是佛教高僧唐三藏的徒弟（真实历史人物原型）。

小说里，唐僧踏上了数十年的西天取经之路，途中历经九九八十一难，遇到过崎岖的地形、激烈的冲突、难耐的诱惑和各种妖魔鬼怪。

《西游记》中的团队

《西游记》中的唐三藏无法独自完成旅程。在如来佛祖的帮助下，他组建了一支西天取经团队：因大闹天宫而受到惩罚的孙悟空和触犯各种天条而被贬到人间的猪八戒、沙僧和白龙马。

> 虽然所有队员都忠心耿耿，但他们性格迥异，各有缺点。孙悟空武艺高超，但非常急躁，有时缺乏自制力。他经常违反规定，时不时惹出一些麻烦。猪八戒有点懒惰，有时自私、胆小、好色。沙僧诚实、踏实，但沉默寡言，不引人注目。白龙马彬彬有礼、沉着冷静，但在压力下也能释放力量。
>
> 在现代团队中，你可以把孙悟空看作不守规矩的明星队员；猪八戒是给团队带来欢乐和八卦的人；而沙和尚和白龙马则是大多数普通的团队成员，他们能吃苦耐劳，只想完成工作，不需要任何光环。

马云说，唐三藏可能是（小说）史上最好的创业领袖。他本身并不像他的团队成员那样拥有超能力，也没什么力量，但是他有不达目的誓不罢休的决心：困难、挑战、诱惑——没有什么能改变他的决心。

他能牵线搭桥，将团队凝聚在一起，让他们在旅途中始终保持动力。如果孙悟空违反规定，他会毫不犹豫地惩罚他。同时，他也了解队员们的情绪，经常与他们促膝长谈，让他们相信旅行的意义。

我们在第5、6和7章（分别是人、组织和产品）中谈到的一切都始于领导力。谁是最终负责人，他们的风格和性格如何，他们如何凝聚和激励团队，他们如何解决问题和克服挑战？

要了解中国科技企业的海外征程，以及他们遇到的问题和挑战，我们需要理解最头部的元素：领导力。

创始人CEO超乎寻常的重要性

由于中国大多数互联网公司还相对年轻，很多时候创始人还是公司的掌舵人，他们对公司的成败举足轻重。事实上，我们为了撰写这本书访谈了 30 多位高管，创始人的关键作用是一个重要的话题。没有他们的领导，企业将很难在中国的竞争中立于不败之地。一些关注中国科技股的投资者也向我们表达了类似的观点。

举个例子，2021 年 3 月，黄峥从他创办的电商巨头拼多多辞去董事长一职。结果吓坏了投资者，拼多多的股价在他辞职后一周内下跌了近 23%，市值缩水近 500 亿美元。

当时最普遍的感觉是，在没有黄峥掌舵的情况下，不相信拼多多还能实现超速增长。一位资深投资者表示："本质上讲，他们是一边在开飞机一边在造飞机，这种时候会想换一个飞行员吗？"

广义上来说这也表明，对于迄今为止都很成功的中国互联网公司，创始人的离职都会让投资者感到不安。或者说，创始人效应无论好坏在这些中国公司中都尤为明显。

相比之下，杰夫·贝索斯（Jeff Bezos）在 2021 年 5 月宣布从亚马逊卸任后的一周内，亚马逊的股价的波动小于 1%，贝索斯当时甚至正在计划通过他创办的蓝色起源（Blue Origin）设计的火箭进行危险的太空飞行[1]。

除了亚马逊，包括微软、苹果和谷歌在内的许多美国科技巨头都已经经历了至少一轮领导层更替。而在中国，前两代互联网巨头创始人中，只有马云实现了正式退休[2]。

---

[1] 谷歌和微软的创始人也成功从一线管理岗位退了下来。微软在创始人比尔·盖茨的继任者史蒂夫·鲍尔默任期内陷入危机，先后错过好几个技术的关键变革；不过现任 CEO 萨蒂亚·纳德拉 2014 年接任以来，微软重新进入了正向发展轨道，并且抓住了生成式人工智能的机会。现任谷歌 CEO 桑达·皮采的领导力则在最近的生成式人工智能热潮中受到质疑。

[2] 2023 年 3 月，退休四年的马云重新回到阿里巴巴。几个月后，他当时创业的合伙人蔡崇信和吴泳铭分别回到阿里巴巴接管了董事局主席和 CEO。可以理解为，即使是阿里巴巴，在企业遇到危机时还是需要创始人回来掌舵。

向历史学习

我们之前提到了《西游记》，然而它毕竟只是一本小说。如今，很多互联网商业领袖都热衷于从历史里面寻找灵感。为什么呢？

如果说《西游记》给了我们启示，那么历史则为我们提供了一些线索，让我们可以规划在未知的领域应该怎样做、做什么。

中国历史深厚、复杂，但更重要的是，有几千年完整的记录。根据记载，4 000多年前的夏朝宫廷中已经有了正式的史官；汉朝之后的每个新王朝建立后的第一件事就是为前朝修史。

毛泽东曾把中国历史上 24 个朝代的正史反复阅读，这深深地影响了他的政治、军事和战略思想。在他制定军事和政治战略的过程中，以及在他早期成功领导革命的行动中，你可以找到很多历史参考资料。特别是他深入钻研历朝历代重大战役的细节，在很多的战役中，起初弱小的一方能够最终通过高明的战略取得胜利。他将所学内化于心，数十年来在客观力量远小于对手的条件下游刃有余。

历史为我们提供了丰富的战略参考和决策案例：公元前 2 世纪，刘邦从一个低级官僚变成军阀，他怎么击败项羽这个正统而且各种资源丰富的强大对手，建立汉朝的呢？为什么没有受过正规教育、残暴的明朝开国皇帝朱元璋如此成功，而具有极高的素养且勤于政务的的后代崇祯皇帝却惨遭失败，最终亡国的呢？

历史可以帮助我们深刻理解人和人性——包括如何在情况不确定时凝聚人心并缔结同盟，取得胜利之后要合理分配资源，让合适的人才继续留在身边为新的江山建设贡献力量。这些在今天对于任何创业者和商业领袖也是适用的。

刘邦与项羽：以小搏大的故事

公元前3世纪末，秦朝衰落，中国进入了一个混乱时期，各路军阀为重新统一中国而争斗不休。

其中，最有望一统江山的就是项羽，他出身将门，25岁就掌控了当时中国的大部分地区。而出身平民、年纪更大的的刘邦乱世之前做着小官，当时的很多投资者和分析师一开始都没有把他当成项羽的竞争对手。

与项羽相比，刘邦文化程度不高，没有高贵的身份，然而却表现出了更高的政治智慧和领导才能。他正确认识竞争格局，为自己的团队安排合适的人选，并建立了盟友关系。相比之下，项羽缺乏战略眼光，骄傲自大，常常凭一时冲动行事，而且经常对盟友和重要的幕僚和顾问态度恶劣。

比如刘邦攻占秦都咸阳时，他其实很想搬进皇宫宣布自己是新皇帝；他的幕僚阻止了他，劝他说现在把自己放在所有反秦势力的对立面还为时过早。刘邦听从了他的建议，转而安抚饱受秦朝政权压迫的百姓。后来，项羽攻打同一座城市时，只会一味简单地掠夺和屠杀。

不到4年，项羽战败，在乌江边自刎身亡。刘邦在之后建立了汉朝。汉族这个名称便来自汉朝。

中国创始人的特征

在混乱的环境中，领导者的好坏会带来很大的不同。在不同的环境下，领导者是否有足够的决断性也会导致截然不同的结果。这是因为事情发展得非常快，颠覆世界的人可能在一夜之间又被别人颠覆。战略上的失误或错误的判断可能会很快致命。"在传统行业中，即使业务衰减也需要几个月甚至几年的过程。而在互联网行业，看起来很大的公司猝死很常见。"一位资深投资者分享道。

初创企业领导者面临的情况与《西游记》有异曲同工之妙，八十一难中的任何一难都可能彻底结束唐僧和整个团队的征途。

在我们的职业生涯中，我们与许多获得了不同规模成功的中国互联网创业者交流后意识到，成功者虽然表面上千差万别，但都有以下共同特点：

- 他们多半时候不会张扬，但却能够激励和启迪他人。
- 他们脚踏实地，与团队共患难。
- 他们善于深刻反思，思考深刻而富有哲理。
- 他们从历史事件和人物中汲取灵感。
- 他们会经常与专家讨论和辩论。
- 他们对人性有深刻的理解，知道合理的奖惩并分享成功的果实。
- 他们和《西游记》里的唐僧一样意志坚定。

以小米创始人雷军和步步高创始人段永平为例。生产电子消费产品的步步高集团曾孵化出了Oppo、Vivo和Realme等智能手机品牌。小米及步步高旗下多个品牌都在中国以外的市场取得了成功。

雷军曾领导过游戏和生产力套件公司，有软件背景，热衷于建立和运营粉丝社区。小米线上为主的营销策略引发公众热切关注，并奠定了小米最初的成功。

雷军经常在各种会议上发言，他的风格甚至被戏称为"雷布斯"，即中国的乔布斯。

雷军经常在公开活动中与团队分享他的想法。我们最喜欢他的一句话"不要用战术上的勤奋来掩盖战略上的懒惰"。他用这句话指出了领导者面临的一个普遍问题：忙于细枝末节的操作，而停止了学习，从而使组织失去了进一步发展或者抓住市场变革机会的能力。

相比之下，段永平在公开场合非常低调。他早期模仿了任天堂游戏机并在中国市场取得了初步成功。创立步步高后，他巧妙地说服许多中国父母打开钱包，为自己的孩子赶上电脑的风口而购买"学习机"。

他当时的一项重要成就实际上是建立了一个覆盖全国的渠道分销网络，拥有持续有效的管理和激励渠道并建立了一支庞大而高效的地面销售队伍。强悍的渠道能力加上无孔不入的线下营销是Oppo、Vivo和许多其他品牌成功的法宝。

Oppo渠道体系派往印度尼西亚的高管李杰后来创办了极兔速递，该公司现已迅速成为全球最大的电商物流公司之一。许多其他消费电商品牌也通过Oppo的网络孵化，充分利用了段永平创建的初始框架。段永平还指导过拼多多的创始人黄峥，这点我们之后会详细讨论。

我们在第二章中提到过段永平的一句话：敢为天下后，后中争先。

Oppo和Vivo有信心在全球智能手机市场上挑战三星，拼多多敢在中国大胆进攻占主导地位的电商阿里巴巴，相信和这句话背后的理念有很深的关系。

雷军和段永平在自己的组织中，和他们孵化、激励和投资的一系列公司中都留下了持久的印记。

他们的成功不仅让他们自己，也让一大批追随者因此发家致富，他们也曾多次分享自己奋斗的历程。更重要的是，他们还分享了对人、组织和产品的有益反思经验。

这些公司深受雷军和段永平的影响，符合他们各自的特点、背景、生活经历和认知框架。中国其他企业生态系统中也有类似的现象。

换句话说，这些领导者对公司的影响就像苹果创始人史蒂夫·乔布斯因为在大学期间对书法的喜爱深深地影响了苹果公司的产品设计和审美观一样。

数十年来的研究表明，高层管理者和首席执行官的经验、认知和心理取向会反映在组织上。

创始人和 CEO 对组织的影响会持续很长时间，并逐渐成为组织基因中的一部分，因为随着时间的推移，创始人的战略决策能够反映其特点，强化效应。

这种效应还决定了公司面对外部刺激和变化时，决策的有效性和成功率，比如 21 世纪第二个十年初从桌面互联网到移动互联网的转型、新冠疫情间的不确定性、强劲竞争对手进入市场时等。

事实上，要了解中国互联网公司为何采取一些战略，或预测这些公司的下一步行动，有效的方式是先分析公司领导者的特点而后才是从市场或财务角度对公司进行分析。

BAT 的分化？

中国的互联网发展瞬息万变，只有领导者时刻保持警惕，才能带领组织应对富有挑战的外部局势变化。

在国际上，有很多关于曾经成功的组织为何会失败的案例：诺基亚、摩托罗拉、黑莓和雅虎。深入研究会发现，几乎所有失败案例都是由于领导者面对外部变化不能及时、果断地反应，导致公司错失时机。

中国也一样。21 世纪最初十年，随着互联网越来越普及，人们开始利用互联网做更多的事情，而不仅仅是"上网冲浪"，服务于搜索、电商和娱乐的百度，阿里巴巴和腾讯（BAT）应运而生。

BAT 的创始人李彦宏、马云和马化腾的背景各不相同。山西人李彦宏毕业于布法罗大学计算机科学专业，在 3 个人中可以说是明星人物，也是吸引技术人才的最大亮点。潮汕人马化腾毕业于至今名不见经传的深圳大学，专业也是计算机，他职业生涯的一开始是在一家名气不大的电信服务提供商做工程师。马云的个人经历大家都知道了——毕业于杭州师范学院英语专业的他当过老师，创业的第一家公司是个翻译社。

到了 2021 年，腾讯和阿里巴巴已成为中国科技行业的巨头，截至 2021 年 6 月底，两家公司市值分别达到 7 220 亿美元和 6 150 亿美元[①]，百度却远远掉队了。

换句话说，BAT 中的百度，虽说由知名海归创立，却落后于创始人背景更加普通的另外两家公司。

有人评论说这是因为李彦宏太过骄傲、独断、不信任人。然而，与多位了解这几位创始人的资深人士交谈后，我们有了另一番见解。

与李彦宏相比，马云和马化腾在职业生涯和创业初期都经历了更多困难和挫折。

马化腾早期为了在腾讯第一款即时通信工具 OICQ 上找到用户聊天，不得不假装成女性；他有两张名片，一张写着总经理，另一张写着产品经理，一些人因此觉得他是个骗子；他一度负担不起微信的服务器成本，想要卖掉公司时，都没有人对他的公司感兴趣。

1995 年，马云刚创办阿里巴巴的前身——中国黄页时，为了向企业推销他的线上套餐，他骑着自行车穿过杭州的大街小巷；许多企业当时还没听说过互联网，觉得他在骗钱，公司早期员工的家属也这么觉得。

中国商业社会信任度低、竞争激烈、复杂而又残酷，马云和马化腾都经历过十分痛苦的时期。

当买家拒绝了马化腾出售 OICQ 的提议后，他没有其他选择只能在软件现有

---

① 2021 年 6 月之后发生了很多事情，包括出台了一系列的监管措施、地缘政治复杂化、美国加息等，除了拼多多之外的几乎所有头部中概科技股市值都受到了非常大的冲击。阿里巴巴和腾讯的市值在 2023 年底分别跌到了 2 000 亿美元和 3 600 亿美元以下，同时期百度的市值只剩下了 416 亿美元。

基础上继续建设，想办法从中赚钱；当银行拒绝为阿里巴巴的小额电商交易提供托管服务时，马云不得不建立自己的托管服务，并最终发展成为支付宝。

在马云的创业历程中，还有很多这样的故事。

因此，虽然马云性格张扬，马化腾相对更温和，但他们的相同点是对所处环境和周围人群有敏锐的感知。这使得腾讯和阿里巴巴有源源不断的动力，一直走在行业的前列。

举个重要的例子，20世纪第二个十年中国智能手机和移动互联网迅速普及。阿里巴巴投入了大量资源做手机淘宝和支付宝App。

腾讯反应迅速，他们在内部发起一个开发移动社交应用的比赛，3个相互独立的团队同时比赛开发微信。最终，张小龙所在的广州团队以1个月的优势战胜了成都团队。

更重要的是，为了支持微信，马化腾决定放一放一向领头PC端的即时通信软件QQ。他后来反思道："在移动互联网时代，一家看似稳如泰山没有对手的公司其实危险重重。如果你不能把握这个社会的发展趋势，你就会处于一个非常危险的境地——你所积累的一切都可能在一夜之间土崩瓦解。"

马化腾深知，一直掌握市场新趋势并非易事，内部原因有已经非常成功的QQ这样的既得利益，还有产品基因等。他说："我的办法是另辟蹊径，开辟一个独立的单元，不要跟现有产品或做事方式有关系。"

他还说服了QQ团队："我们都有公司的股份，在同一条船上。因此，每个人都要目光长远，而不是狭隘地只关注部门自己的利益。我想大家都能理解这一点。"

有趣的是，微信像病毒一样发展迅速，QQ后来也推出了手机版，并将用户重心放在年轻人身上。"许多年轻人不想和父母在同一个社交圈里，所以他们会在QQ上非常活跃，但微信上有爸妈，所以分享动态的风格完全不同。"

中国之外的市场上，谷歌也意识到了移动端的重要性，特别是移动设备将会改变人们搜索信息的方式。于是，谷歌收购了安卓系统，并向苹果支付了数百亿美元，让iPhone默认使用谷歌搜索引擎和地图。在移动时代，Chrome浏览器和

Gmail 电子邮件依然占据主导地位，成功留住了用户和广告商。

本来，百度有望成为中国版的谷歌，但它错过了移动互联网的机遇，而阿里巴巴和腾讯则构筑了自己的护城河——一个由子公司和投资公司组成的完整生态系统（更多关于中国科技企业"护城河"的信息，请参阅第 7 章）。

我们采访的百度前高层指出，李彦宏的犹豫不决和缺乏紧迫感对公司的决策产生了重大影响——要知道，当时桌面广告搜索是百度最大的营收来源[1]。

就像孙悟空一样，李彦宏对公司现有的技术和产品抱有极大的自信（他确实也有理由充满信心）。他后来回忆，当时的他认为移动端和 PC 端搜索并没有太大的不同。

后来，李彦宏在 2021 年写给投资者的一封信中承认，过去 10 年是移动互联网发展最快的时代，商业模式的创新数不胜数。他说："我们猝不及防地发现，自己喜欢和擅长的技术似乎已经没有用了。"

百度先后尝试投资外卖和人工智能这样新的业务领域，让业务更多元化。李彦宏相继引入了包括人工智能大师吴恩达（Andrew Ng）和资深微软工程师陆奇在内的高管，但他们都没能在百度久留。到现在百度业务也没有大的变化，搜索广告仍然是百度的主要收入来源。

一位前高管透露，百度在新业务领域不成功很大原因是因为李彦宏的思维模式与中国复杂多变的商业情况不匹配，他对人的理解太简单。"要不然的话他怎么会管不住搜索广告部门呢？"

阿里巴巴似乎和亚马逊有点像，先是建设自己的云计算（因为有能力），又开发自己的视频流媒体（因为它要留住电商客户）[2]。然而，阿里巴巴的做法不仅仅是想用规模化效应把烧钱的变成赚钱的，更重要的是要排除发展路上的阻碍，防

---

[1] 根据 2023 年的百度财报，在线广告营收占百度核心业务（百度上市公司除去爱奇艺的营收）的 75% 左右。

[2] 阿里巴巴的视频流媒体后来发展并不是非常顺利。这里面包含多层的原因。关于阿里的云计算，在 2023 年开始的组织改造中逐渐被当成支持核心电商业务和未来 AI 变革的重要力量。

备现有和潜在的竞争对手。

企业领导者如何发掘新机会呢？那就是脚踏实地，坚持不懈地与各路人马交流——毛泽东曾多次强调了实事求是的意义和官僚主义的风险。

具有国际化视野的新一代

后来的创始人，包括美团的王兴、字节跳动的张一鸣和拼多多的黄峥，都做过类似的事情——实地考察以了解瞬息万变的中国市场，带领自己的公司及时响应客户需求。他们一旦意识到有更好的机会，就会迅速行动。

从根本上说，王兴、张一鸣和黄峥都在战略上深思熟虑，执行起来不屈不挠，碰到困难坚韧不拔。他们是理想主义者，当公司没有明确的未来方向时，他们为公司绘制美好的蓝图；他们是坚持不懈而且务实的执行者，连续的创业甚至创造新的市场，各种尝试然后幸存下来；他们不畏艰险，勇往直前。

更重要的是，他们年轻有活力，受过系统化工程训练，受到过硅谷创业文化的影响，具备国际领导公司的潜质。

黄峥曾留学美国，并在谷歌工作；王兴从清华大学毕业后在美国短暂停留，后来辍学回国创办公司；张一鸣虽然没有在美国学习和工作过，但他多次谈到很了解硅谷公司的文化，包括奈飞（Netflix）的"情境管理而非控制"（"Context, not Control"）理念[1]和谷歌的OKR制度（目标和关键结果）——字节跳动把OKR

---

[1] 需要指出的是，拼多多的管理理念应该和奈飞的正好相反。奈飞崇尚情境而不是控制，意思就是雇佣足够聪明的人，告诉他们做事情的目的是什么，让他们自己决定怎么去做。这比较适合偏产品技术的业务。然而，对于拼多多来说，核心业务的本质是拼效率——高效的组织和执行能力就变得更加重要。在这一点上，和美国的传统零售巨头们（包括沃尔玛）的理念相近。

实行得比谷歌还彻底。

与许多前辈一样，这3个人在创办他们现在的公司并做大之前，也有过一系列创业经历，其中有些小有成绩，有些直接失败。巧合的是，他们创立现在公司之前的创业经历都是7年。

美团

王兴，一个低调有想法的创始人，在创办美团之前经历过许多失败。他在2003年从美国的博士学业中辍学回国创业，最初一系列的创业项目都在模仿硅谷，比如模仿Facebook做社交网络，模仿Twitter做微博客。很多人嘲笑他只会抄袭，但是在第一次创业的7年后，他在2010年创立的美团开始获得大众关注。

然而，即使在美团成立后，一直到2018年IPO之前，投资者对王兴的业务都意见不一。一些人质疑他的商业模式："建立维护昂贵的配送网络成本巨大，得不到回报。"有些人比较乐观："如果有人能够成功，那一定是王兴。"

美团参与的每一个领域都竞争激烈——美团刚成立时团购领域有超过5 000家公司，外卖领域要与百度和背靠阿里的饿了么展开激烈竞争，线上旅游业有老大哥携程，还有最近的社区团购，几乎每一个中国消费互联网巨头都在：拼多多、阿里巴巴、京东、滴滴——美团面临的竞争者没完没了。

从一场战斗到另一场战斗，王兴和他的二把手们建立了深厚的信任关系。他曾经说过："万物其实是没有简单边界的，所以，我不认为要给自己设限。只要核心是清晰的——我们到底服务什么人，给他们提供什么服务，我们就会不断尝试各种业务。"

有些人把王兴形容为永不放弃的小强；也有人说，他是从死人堆中爬出来的；熟悉他的人说他是一个少言寡语但思考深刻的人。

他在经过深思熟虑后做出的几个关键决策帮助美团避免掉进成本陷阱：早期

的例子是，当许多大公司为了业务增长不仅提供团购服务还开始提供团购商品时，王兴坚持没有做。结果这些竞品公司推出自己的团购商品后很快就被阿里巴巴消灭了。后来，即使美团接受了阿里巴巴的投资以求生存，王兴还是从阿里巴巴的死对头腾讯那里获得了更多的投资，保持相对决策独立。竞争对手饿了么则不同，他们最终被阿里巴巴并购，创始人离开公司。

字节跳动

字节跳动的张一鸣和拼多多的黄峥建造了新时代的另外两个商业帝国。他们都出了名的深思熟虑，说到做到，还对自己的人很严格。

很巧，张一鸣和王兴同样来自福建省的龙岩。2005 年，张一鸣获得软件工程学士学位后开始创业。一直到 2012 年，创立字节跳动的前身也就是新闻聚合 App 今日头条时，张一鸣已经有了 7 年的创业经验。值得一提的是，他之前的大多数创业项目都与"推荐算法"相关，这为头条的新闻推荐及后来的抖音短视频平台都提供了坚实的基础。

推荐算法的一系列早期工作经验深深影响了张一鸣后来的战略选择。[1]

张一鸣和他的学习经验

有趣的是，张一鸣并没有在海外的学习或工作经验，而是花了很多时间旅行去了解海外市场。

张一鸣的梦想是让字节跳动成为一家具有全球竞争力的公司，于是

---

[1] 张一鸣曾经说过："你对事情的理解（认知），就是你在这件事情上的竞争力"。

他决定先学好英语。有报道说，他不仅自己花了大量时间练英语，还要求公司高管也一起学。

2014年9月，张一鸣首次访问了硅谷，参观了Facebook、谷歌、爱彼迎总部，还试驾了特斯拉的新款车型。这些国际大公司的产品、组织和管理给他留下了深刻的印象。

硅谷旅行之后，张一鸣加速了他的出国"学习之旅"。2015年，他连续两次去日本，还应邀去美国参加中美互联网论坛。2016年，张一鸣和他的投资人曹毅一起前往印度的德里、孟买和班加罗尔进行考察。

毫无疑问，出国学习增加了张一鸣对海外市场的了解。

拼多多

黄峥拥有威斯康星大学计算机科学硕士学位，他很幸运很早就遇到了第一代成功的科技企业家——网易的创始人丁磊。丁磊把他介绍给了我们之前提到的步步高创始人段永平。段永平对黄峥印象深刻，2006年带他去见了沃伦·巴菲特。

黄峥在跨国公司工作时感受到了"隐形天花板"的存在，于是2007年离开谷歌自己创业，建立了一系列电商、代运营和游戏等领域的公司。尽管人们对2015年拼多多迅速崛起感到惊讶，但很少有人注意到黄峥创立拼多多之前已经和张一鸣还有王兴一样自己开公司7年多了。一系列小的成功和失败帮他想清楚了拼多多应该如何发展。

可以看到，这些新一代巨头公司的创始人有着国际化视野和社会经验，以及创业经验。他们能够战胜竞争对手不仅仅是因为运气，而是来自多年创办多家公司的经验和教训，以及对这些经验和教训的深度总结与思考。

毫无疑问，美团、拼多多和字节跳动打破了 BAT 在中国的统治地位。他们并不是全都走向了海外，但是全球化的理念深深植根于这一代创始人心里，比如字节跳动，一旦决定出海，扩张起来义无反顾[①]。

全球化扩张下的领导力

中国一位消费科技巨头的领导跟我们说，把业务扩展到海外就像是二次创业，而且肯定比在中国的第一次创业更难。他说最大的难点是"在竞争激烈的中国我们还有业务！"

另一位创始人跟我们分享说，他的企业出海扩张时，他感觉自己突然变成瞎子了！

这两种观点在许多计划出海的中国创始人和企业家中很常见。为什么呢？

在中国，你处在市场中，你在领导市场，你可以自己琢磨。你了解市场，你知道你的竞争对手是谁，你的客户是谁，你在做什么产品，你只需要应对一个市场。但当你走出中国，突然之间你需要弄清楚所有这些问题，而且同时还要集中精力同时关注竞争激烈的本土市场。

对很多业务模式来说，海外市场早期更复杂，所以需要更多准备才能做决定进入哪个市场。对每个市场的了解要到什么程度？虽然所有走向海外的公司都会面临这个问题，但互联网公司的节奏不一样。欧美日韩的传统公司可以很奢侈地用 10 年时间来弄明白市场情况。但对互联网公司来说，很多问题都必须在短时间

[①] 本书英文原版出版时，只有 TikTok 在海外拓展。而拼多多海外站 Temu 在 2022 年 9 月上线之后飞速发展，到 2024 年 5 月底已经在 66 个国家开展业务；而美团的海外外卖业务 Keeta 在 2023 年 5 年在香港上线，到 2024 年第一季度已经在单量上成为香港市场第一，并在积极筹备第二个海外市场——沙特阿拉伯。

搞清楚，因为成功失败都发生得很快。而且中国公司还有一个竞争激烈的本土市场需要他们关注。

美国公司同样也要关注本土市场，那么有什么区别呢？美国公司在海外扩张时有两个天然优势。首先，他们在海外市场的早期用户通常受过西方教育。例如，东南亚和中东地区的第一批脸书用户是那些从美国学校毕业的人，他们是引领当地潮流的人。其次，美国公司可以聘请受过西方教育的人，他们熟悉公司的语言，并且迅速融入公司文化。而中国公司在海外扩张时就没有这种优势。

中国互联网公司一般不雇咨询顾问做战略决策。相反，他们通过朋友介绍，与专家、市场里的玩家和其他相关人士交流。这些行业专家都是中国人，他们可以很容易地理解这些领导者的关键疑问和顾虑。

在中国之外就不一样了。

"我在印度尼西亚去哪里可以找到合适的人聊？不用母语，我们错过了多少有用的信息？"一个企业家这么告诉我们，"真的没办法像在中国一样快速掌握市场。"

由于需要耗费精力关注中国本土业务，创业者和企业家们很难像在中国创立公司时那样，全心全力亲自深入国外市场。

所以中国公司出海都很困难，而那些成功出海的企业则不可小觑。

思考空间：如何平衡竞争激烈的国内市场和复杂的海外新市场

新兴市场由于信息掌握不全面，初创企业打基础最好的办法是用现有的方法论作为起点，及时根据市场反馈进行调整和迭代。中国成功的互联网创业者就是这样把他们的业务扩展到中国国内市场的新领域。

在中国之外，因为领导者不可能一直人在那里，所以其获得对市场和竞品的正确反馈可能不那么及时。西方科技和互联网公司进入中国时也面临着同样的挑战，因此导致了许多公司的失败。

阿里巴巴的接班人张勇在担任天猫总裁时成功打造了天猫双十一购物节。这个一年一度的购物节的总销售额达到美国黑色星期五和网络星期一总和的3倍！天猫双十一购物节的成功帮他立住了地位，并为他从马云手中接棒铺平道路。

虽然双十一现在已经是东南亚最大的购物节，但在张勇心中，成功的电商本就应该像天猫一样坚持以品牌为主的商业模式。

这不可避免地影响了他对阿里巴巴东南亚子公司Lazada的战略规划。我们采访的一位Lazada前高管表示，可能因为天猫的背景，张勇过于关注怎么让Lazada成为第二个天猫。

与此同时，Lazada在东南亚的竞争对手Shopee可能更理解整体市场结构，尤其是东南亚市场的发展阶段，他们决定首先专注于C2C市场。有趣的是，阿里巴巴在2003年也是这样开始了自己的C2C平台淘宝。

就算最后天猫的模式在东南亚成功了，Lazada已经失去了积累客户和扩大东南亚基础的机会。但是如果Shopee什么时候决定转去关注发展B2C平台ShopeeMall会相对容易很多，就像当年从淘宝里面孕育出天猫一样。[①]

领导者做战略决定的时候受自己过往经验影响很正常，尤其是成功的经验对领导者的决定影响更大。任何领导者都会面临融合不同市场的新信息，发展新的思维框架的挑战。对于那些在中国市场特殊背景下发展了固定思维框架的中国领导者来说，这个挑战可能更大。

同时运营中国和海外业务可能会更难协调两种思维。因为即使全球市场有不同的反馈，对中国市场情况的强烈认知会让领导者无意识地继续强化已有的心态并推动团队按此来努力。

[①] 后来，阿里巴巴在中国市场也提出了"重回淘宝"和"重回互联网"。而在东南亚市场，品牌在电商大盘的占比一直到2024年中还是很小，而且电商渠道在大品牌整体销售额中的占比也远小于线下渠道。

所以字节跳动的张一鸣在 2020 年初不再负责中国区的日常运营工作，而专注于 TikTok 全球化，这并不令人惊讶，因为他需要更多的思考空间。

路径依赖

组织有领导者的痕迹，领导者有基于他们个性和背景而形成的认知框架，他们了解市场，制定策略和执行的方式都会受到他们先前经验的影响。

当领导者基于国内市场已有的成功建立认知时，他们就会对现有"验证过"的方法更有信心，而对国外市场的不同观点则不太灵活或持保守态度。

应该为新市场投入多少资源？

我们经常看到许多中国科技公司陷入两难境地：创始人/首席执行官想要开发国外市场，但核心始终留在国内市场。另外，全球市场分散，单个市场潜在规模相对较小。然而，这些市场可能需要投入与国内市场的同等关注程度才能做好。

支持这些市场的方式有很多：资金、人员、组织支持和领导的关注。更重要的是，领导者是否会在新市场遇到挑战时加倍花精力解决问题？

国内市场还是核心

滴滴 IPO 招股书显示，多年来该公司国际业务仅占整体营业额的 2%。相比之下，Uber 有 43% 的收入来自美国和加拿大以外的地区。

同样，阿里巴巴 2020 财年的国际零售和批发电商业务仅占公司总收入的 7% 左右。[①]

要想认真开发国际市场，首先，领导者需要根据市场潜力合理配置资源；其次，因为国内业务部门权重更大，领导者需要引导组织支持国际化的措施。最后，领导者需要确保负责国际化的员工有持续的驱动力而且受到支持——我们已经看到许多失败的出海企业不是因为市场不好，而是因为最好的管理者不愿意参与海外项目，只愿意参加对他们职业发展更好的国内项目（我们会在第 5 章详细讨论）。

这是一个先有鸡还是先有蛋的问题，如果不给予国际市场足够的重视，国际市场对总收入的贡献率就会一直很低，难以提高。

快手和字节跳动在短视频 App 领域的国际竞争就很清楚地表明了这一问题。

快手

快手和字节跳动的 TikTok 差不多同时，甚至快手还更早一些，就开始了海外业务。然而今天，当 TikTok 已经是全球最受欢迎的应用程序之一，甚至受到美国政府关注时，快手的国际业务却只出现在寥寥几个市场，而且在所有这些市场里

[①] 在 2024 年第一季度，阿里巴巴国际电商业务在整体营收中的占比提升到了 11% 左右，这还不算特别高，理论上还有很大的增长空间。

Tiktok 做的都比快手大。

一位参与过快手国际化进程的前高管认为，两家公司海外业绩的差异是因为总部领导层的判断不同，对海外市场的理解不一样，所以最终投入的资源也不一样。

快手第一次认真尝试国际化，首先在几个关键的市场测试了本地化 App 和拉新活动；其次，将土耳其和巴西等反应比较好的市场选为重点发展市场，相应地投入了一些资源，快手 CEO 宿华希望这些国际市场能够自行发展壮大。

这是中国游戏公司向海外推广产品的标准打法。但是视频 App 不一样，它们还需要本地化运营，不仅要和本地内容制作商合作、监管机构打交道，还要开发广告商客户。

快手做错了一个关键的事，他们没有去了解为什么某些市场在初期的测试中反应良好。所以当他们在这些市场遇到挑战时，没有足够的信息来决定下一步该怎么做。

面对这种情况，宿华叫停了投资。他没有亲自去当地解决问题推动发展，而是转而专注中国市场。没有人愿意被困在亏损的业务中，尤其是都不知道为什么会亏损的时候。

快手的遭遇很常见：领导层找了一个方向，但反响不如预期；于是他们就决定调头，没有花足够的时间去了解市场，找出反响不佳的原因。

而对反应好的市场，也没有深刻理解为什么反应好——业务往往难于在取得好的开头后进一步增长。

同样的事情也发生在京东、腾讯、蚂蚁集团，甚至像 JollyChic 这样的小公司。

字节跳动

相比之下，字节跳动的创始人从不掩饰自己走向全球的野心，他们击败 Facebook（现更名为 Meta）和其他竞争对手，积极收购了 muslic.ly 这款总部在上海，深受西方年轻人喜爱的"对口型音乐短视频"/"音乐短视频"，深深地明确了国际化决心。张一鸣在 2018 年的采访中说："把愿景定成「全球创作和交流平台」，就是希望这是一个统一的平台。"

一位在巴西的中国互联网资深从业者分享说，快手在巴西的初步成功让张一鸣几乎立即加大了在巴西的投资。理由是：第一，这表明短视频在巴西大有可为；第二，字节跳动不能让快手在国际市场上占上风。

只是这一次，与快手相比，字节跳动少了些投机取巧，多了些认真和执着。

在进军巴西市场的过程中，张一鸣的一系列行动充分显示了他的决心。巴西作为南美洲最大的国家，人口超过 2 亿。巴西消费者平均每天上网 9 小时 29 分钟。对于张一鸣来说，要想将字节跳动打造成一家全球公司，这是一场不容有失的战役。

2020 年，巴西成为 TikTok 增长最快的市场，也是用户数量第二大的国际市场。张一鸣的不懈努力在其他地方也得到了回报，TikTok 在许多国家的应用商店中都名列前茅。

即使面对印度的禁令和美国特朗普政府的压力，张一鸣也坚持了下来。2021 年，尽管印度尼西亚市场在这一年的大部分时间里表现都很糟糕，但他还是一样投入大量精力给印度尼西亚的电商业务。

机会主义 vs 坚定付出

上述两个案例的对比表明，许多领导仍然以机会主义的方式看待国际市场。尽管市场存在不确定性，但 2018 年，张一鸣还是带领 TikTok 在巴西投入了大量资源，在国际科技公司总部汇集的圣保罗 Vila Olimpia 租用并扩建了办公空间。字节跳动还为了运营扩招员工，举办高规格的用户拉新推广活动，为发展用户社区在 App 里发布高质量原创内容。与快手不同，张一鸣出海发展中没有一点犹豫。

出海二次创业的一大挑战在于，国际化其实可有可无，如果有其他更重要的事情出海计划就会被推一推。相比之下，早年第一次创业时，这两位创业者也没有其他选择，只能坚持。

公司不给足够投资和承诺会造成恶性循环，公司发展变缓停滞，内部优秀人才看不到公司的未来而选择离开。海外市场人力资源的减少会导致业绩进一步下滑。后来，快手打算再次加大国际化力度，但因为有了 TikTok 的成功，时机已经大不相同。

领导层的关注度：太多/太少？

承诺的重要性不难理解，但领导层的关注度问题就比较棘手了。领导是否应该密切关注海外扩张？第一反应是应该。张勇在新冠疫情前每个月都要去新加坡，可见 Lazada 和东南亚是他和阿里巴巴的重中之重。当 Uber 在中国与滴滴竞争时，创始人特拉维斯·卡兰尼克（Travis Kalanick）也频繁来中国。

然而，我们不应将领导者的关注等同于持续性的亲自管理。

2021 年，小米在印度智能手机市场领先三星、Vivo、Realme 和 Oppo，以超过 25% 的份额排名第一。是什么推动了小米在印度的成功？是因为他便宜好用，还是因为领导层给的承诺？

是的，两者都重要。此外，小米创始人雷军特别关注印度市场。雷军早在 2001 年就去过印度，还为此写过日记记录。多年来，他对印度的经济、文化和软件行业动态有了全面的了解。2015 年，雷军出席小米在印度举办的海外发布会时，笨拙地用英语问候"Are you okay？"一度火出圈，顺便给小米做了一波推广。2017 年雷军访问印度，还受到了印度总理纳伦德拉·莫迪的接见。

更重要的是，雷军不只是重视印度市场，给了印度市场比国内市场还要高的发展优先级，他还强力支持在印度的公司领导，他不是自己做所有决定，而是在关键步骤上授权给在印度当地的领导团队。

因此，小米在印度的产品设计适应当地市场的偏好，符合印度消费者的需求。例如，为了适应印度的高温天，小米手机增加了更多的散热模块；考虑到印度更加潮湿，小米手机在接口和充电线上加厚了保护涂层等。本地化的产品体现了领导者将更多的决策权下放给本地高管，避免亲力亲为。

此外，小米还在印度建立了七家工厂。考虑到中国拥有强大的制造能力和便捷的全供应链，将部分手机制造能力迁至印度不仅需要勇气和决心，更是对当地团队的强力赋能。

小米的七家印度工厂

2015年，小米与富士康合作在印度建立了第一家工厂。2017年3月，小米与富士康再次合作，在安得拉邦建立第二家工厂。2017年11月，小米宣布与印度Hipad Technology公司合作生产充电宝，并在德里的卫星城诺伊达（Noida）建立了第一家充电宝工厂。

2018年4月，小米同时宣布新建三家工厂。工厂实行本地化管理，整个高管团队中只有一名中国成员。

2019年，小米在印度南部的泰米尔纳德邦建立了新的手机制造工厂，占地面积约9.3万平方米。本地化管理和领导力措施有助于小米在中国与印度加勒万河谷冲突期间保持其地位和发展，当时许多其他中国企业在印度都被封禁了。①

---

① 后来小米在印度市场遇到了政策和政治上的问题，说明了在一些特定的市场，地缘政治和政治风险是一直存在并一直需要管理的，企业很难掉以轻心。

尽管印度市场给小米带来的长远利益仍有待观察，但小米确实成功融入了当地市场和人才生态系统，表明了其出海决心。雷军试图同时从总部给足重视，也给地方授权放手管理。

然而，既要关注海外市场，又要憋着不能参与太多日常运营细节对领导者确实不容易，尤其是对中国公司的第一代创始人。

如果首席执行官对海外市场的关注太少，不仅会让公司错失很多机会，还会导致公司在竞争激烈的环境中业绩下滑。

一方面，一般国内总部领导的关注太多会干扰当地领导的工作，埋下不信任的种子；另一方面，总部领导的关注太少，也会造成误解。

这里的关键不在于领导者花了多少时间，而在于他们能否建立信任，在当地找到合适的人朝着同一个方向前进。

纵观中国历史，中国人是不信任流程和制度的，尤其是高层的流程和制度。历史上的领导者之所以成功，并不是因为他们建立了最好的制度，而是因为他们团结了合适的人：信赏必罚，赏罚得当，容忍甚至利用他们的小错误或缺陷，最重要的是，平衡他们的野心。

有个互联网界的企业家分享说："要想让身边关键的人物与你合作愉快，首先要理解他们想要什么，根据这个给他安排挑战或进行奖励。"他认为，按规矩办事看似公平，但会导致高层在瞬息万变的商业环境中目标不一致。

给领导层的问题

在中国企业全球扩张时，我们看到的波折很多。就像大部分创业者在创业之初，都不容易，例如，字节跳动、美团和拼多多的创始人都是花了 7 年时间经历各种失败才开始创建今天的公司。

虽然我们将在接下来的章节中探讨人、组织和产品，但领导层最终需要对各个方面及海外扩张的成败负责。

在落地全球化之前，领导者需要先清楚地了解自己和组织，以及自己愿意为此付出多少努力。

目的地市场的本地化运营首先要了解与中国国情不同的客观事实和运营时机，在可以的情况下尽可能花时间在市场上了解什么是正常的，什么是不正常的，然后确定合适的人员和组织结构来执行海外扩张。

领导者还要有拒绝的勇气，没有足够的领导重视、合适的人员、组织和时机，就不要盲目地开始。

2020年年初，美团的王兴在印度尼西亚首都雅加达花时间了解了市场情况，以及美团是否应该进驻这个市场；在这之前美团已经投资了印度尼西亚当地领先的叫车、送餐和数字支付公司Gojek。

在雅加达的一个月里，王兴咨询了多方相关人士和行业专家，并提出了收购Gojek股权等许多想法。由于国内社区团购的竞争越来越激烈，他最终决定暂时不进入印度尼西亚市场，先专注于中国的业务。事实证明，在新冠疫情背景下，这是个明智的举动。

那些面对个别海外市场良好的前景还是决定暂时不出海的领导们则应该记住段永平的话：敢为天下后。

在本章的最后，我们想给正在考虑出海的领导们提几个问题：

- 你有开放的思想吗？有哪些潜在的知识和思维盲区？
- 你有足够的思考空间来应对海外市场的挑战并做决定吗？
- 出海的目的是什么？出海成功意味着什么？你有多大决心取得成功？
- 你愿意为出海扩张投入多少资源？如果业务表现与最初的预期不符，你怎么办？

- 你能在目标市场上花多少时间和精力？你怎么保证一直从市场上获得准确信息做出正确判断？
- 你的公司有海外拓展的能力吗？如果没有，作为领导者的你要怎么为此做准备？继续发展自己的公司、与人合作还是收购？

第5章

人

因为信任,所以简单。

——阿里巴巴集团六大核心价值观之一

虽然领导力对企业至关重要，但只有领导者是无法打造出一家成功的科技企业的。他们还需要更多优秀且合适的人才。员工不仅要有执行力，还要能集思广益，提出解决方案，为领导者出谋划策，有时还要鼓励（甚至劝退和纠正）CEO。

毫无疑问，人是组织的核心。

当领导者没有足够的精力亲自做出所有决定并处理所有细微的差别时，就需要强有力的助手帮助他们运作市场、应对挑战并最终继续扩张。

一些领导人第一次在中国创业的过程就是这样——如果马云没有其他17位联合创始人，阿里巴巴当初就不会成功；如果王兴没有包括王慧文和早期干嘉伟在内的伙伴们并肩作战，他也不会将美团打造成今天的样子。

在中国，大多数最终取得巨大成功的互联网公司，在创业初期都像一支打仗的游击队。在那段时间里，他们不能给员工最好的薪水，不能给员工最好的福利，而且大多数情况下，他们无法吸引市场上最优秀的人才，原因就在于此。

他们怎样才能找到适合这个组织的人，找到怀揣美好理想的人，找到撸起袖子同舟共济的人？为什么蔡崇信和刘炽平在阿里巴巴和腾讯成立之初放弃了在香港的高薪工作，分别加入了这两家公司？

每个领导者都会同意，在整个组织中，人是最重要的资产，是组织取得一个又一个成功的最重要的推动力，但如果处理不当，也会成为最大的阻力。

硅谷的科技公司有一整套可以用的外援：他们可以聘请经验丰富的经理，用咨询顾问做市场调研帮助决策，用 SaaS 工具解决流程的问题，而大多数中国科技公司却不得不自己摸索。许多公司就像早期的游击队一样："十多个人，七八条枪"或"小米加步枪"。除了人的意志和决心，没有任何可以依靠的东西。

人的问题贯穿整个企业的生命周期。随着中国互联网公司的成长和成熟，情况也在变化。有时会引入经验更丰富、素质更高的管理者从早期基层的团队成员手中接管工作，如何平衡好这两群人的利益，使组织能够继续齐心协力地发展？如何在新员工之间建立亲和力，同时又不让早期辛苦付出的成员们感到心累？

目前在中国，互联网公司是最有吸引力的雇主之一，超过了银行业和大型跨国企业。[①]而年轻人是科技公司发展过程中必不可少的新鲜血液，与 10~20 年前的上一代人相比，现在的动机和激励大不相同。10~20 年前的领导者宣扬的吃苦耐劳，如今却遭到了在相对富裕时代成长起来的这一代年轻人的怀疑和反感。

监管最近也开始干预一些人事管理的做法，如不鼓励工作时间过长（996 等），以解决一些社会问题。

当公司向海外扩张时，他们会遇到另一种选择：是派遣熟悉组织的忠实二把手，还是聘请熟悉市场的当地专家？如何结合这两种对成功同样重要的又截然不同的专业知识？是让当地的高管融入现有的公司文化，还是让公司吸纳当地文化变得更多元化？如果是后者，又要怎么做让现有员工调整自己以适应新的混合型

---

① 过去的两年时间里，互联网整个行业经历了多轮裁员。很多人开始怀疑整个行业的就业前景——然而，投资行业、咨询公司和跨国公司在招聘和职业发展中的表现更加糟糕。

公司文化？

而且，如果把核心二把手派往国外市场，企业如何确保他们是去开疆拓土，而不是被流放边疆被动边缘化？（毕竟在中国历史上，有很多有前途的官吏被派往边疆，却在那里被遗忘）

在本章中，我们将通过阿里巴巴、字节跳动、美团、拼多多等公司，学习他们遇到的坎坷，并介绍这些公司进军海外市场的成功要素。

从杂乱无章到毕业首选：中国互联网团队中人的演变

当我们谈人才时，首先是确定在公司发展阶段里什么是合适的人才，并且如何让这些人才加入公司。

我们都知道，如今包括中国公司在内的大型科技公司都有很高的招聘标准。我们对招聘流程和标准并不感兴趣，感兴趣的是在不同阶段，什么样的人适合这些公司，以及他们如何找到这些人才。

这是一个不断演进的过程——在公司成长的每个阶段寻找和当前阶段及下一个阶段相匹配的人才。

张一鸣在 2020 年年初承诺将字节跳动打造成一家全球化公司，他出了名地重视人才。在多次演讲和回忆录中，他将自己的招聘理念描述为"用优秀的人，做有挑战性的事"，即物色具有战略思维、价值观相同、知识全面、有解决复杂问题能力的候选人，匹配"有挑战性的事"。

张朝阳的人事政策在很大程度上与奈飞前首席人力资源官帕蒂·麦考德（Patty McCord）在其著作《强大：建立自由与责任的文化》（*Powerful: Building a Culture of Freedom and Responsibility*）中提出的奈飞人才管理理念的基本原则保持一致。我们在上一章也提到了张一鸣在字节跳动推崇的是奈飞的"情境而不是控制"[①]的管理理念。

小米加步枪：早期的日子

20多年前，阿里巴巴初创时的用人标准似乎低得出奇。正如一位早期员工所说"只要相貌端正，有一定的技能，愿意加入团队，都有可能得到一份工作"。

在阿里巴巴最初的18位联合创始人中，只有蔡崇信毕业于耶鲁大学，曾为私募股权投资人，拥有高端和专业的背景。其他人都来自不甚闻名的学校，要不是加入阿里巴巴可能只会有普通的前途。

腾讯的情况也差不多。在腾讯早期的知名员工中，除了刘炽平（Martin Lau）毕业于斯坦福大学，曾在高盛就职以外，没有人有光鲜的背景。

中国的互联网公司早期不得不面对这样一个现实：他们在那个时间点可以用的潜在人才库确实非常有限。

为什么？因为在阿里巴巴和腾讯成立之初，中国正处于经济繁荣的初期，顶尖人才有很多选择。雄心勃勃的年轻毕业生一般首选都是宝洁（P&G）等快消公司和普华永道（PWC）等审计公司。

对于计算机科学专业的毕业生来说，IBM和微软看起来远比那些挤在公寓里的零散创业团队更有前途（遗憾的是，因为中国当时拥有汽车和带车库大房子的人不多，所以车库创业文化在中国从未兴起）。

然而，创造奇迹的恰恰是那些会拼搏的小团队。他们没有大学背景或背着家

[①] 有朋友指出——这样就意味着很多员工都要和老板一样操心，并不容易。但这正是奈飞文化的本质——选择极其优秀的人才，让他们去操心。

庭期望的包袱；他们渴望成功，却没有更多的选择所以不受其他因素干扰。所以团队只能一心一意地专注于业务建设。正如我们在本书第一章中提到的，很多企业初期的员工们对于在大半夜工作和在周末留宿公司都没有异议。与我们交谈过的许多人都说，他们并不是被改变世界的使命所驱使，而只是渴望成功，并信任将他们带入这段旅程的领导者。

正是在意志力和对成功的渴望的驱使下，这些公司不懈追求，才获得了最初的发展。

飞机加大炮：引入专业人员

然而，早期的中国企业家，无论是科技型还是非科技型企业家，都很快意识到，当他们的公司发展到一定阶段时，他们需要更多高素质、经验更丰富的人才来带领公司更上一层楼。

蔡崇信建立了阿里巴巴的财务体系，使阿里巴巴能够获得更多投资，进一步推动业务增长；而拥有30年跨国公司工作经验的关明生（Savio Kwan）则于2001年加入阿里巴巴，担任首席运营官，帮助阿里巴巴结构化运营，实现规模扩张。同样，前高盛银行家刘炽平与詹姆斯·米切尔（James Mitchell）对腾讯的发展也起到了不可或缺的作用。

然而，让外部高管掌权绝非易事。关明生加入阿里巴巴的初期，与现有团队的冲突不断，他们认为这位西装革履的高管和他带来的管理方法过于"花哨"。

并非每位外部高管都能留下来。微软前执行副总裁陆奇于2017年加入百度，他只干了一年多，就"因健康和家庭原因"辞职了。关于创始团队与空降高管之间的动态关系，我们将在稍后的"高管：最重要的一批人"中细谈。

精英力量：当互联网成为就业首选时

虽然中国人才最初更青睐跨国企业，但从 21 世纪第二个十年起，天平开始向科技和互联网公司倾斜。包括顶尖大学毕业生在内的众多年轻人都在为进入顶尖科技公司而奋斗。

这有几个原因：

- 在中国，科技和互联网公司变得无处不在，影响着人们生活的方方面面；因此，年轻人不用再向父母和亲戚解释自己到底是做什么的（如果你从一所好大学毕业，但最终却在一个不起眼的公司工作，那么真的会有很大社会压力）。
- 互联网公司薪酬丰厚，尤其是自 2014 年阿里巴巴在纽约上市后，几千名员工直接成为百万富翁，少数人成为亿万富翁。自此之后，腾讯、美团等公司也是这种情况，与其他行业相应等级的公司相比，他们更快速地造就了一大批百万富翁。
- 随着整个科技和互联网行业的发展及竞争的加剧，他们需要更多的人才。除了上文提到的股权增值外，更高的薪酬和其他福利也吸引着年轻有为的人才。
- 人们还意识到，在快速发展的行业中，他们的学习、成长和晋升都更快。

虽然求职者不少，但顶尖人才仍然供不应求。从应届毕业生到经验丰富的员工，人才战也变得异常激烈，这也反映了企业之间的商业竞争。

所有大型互联网公司都投入了大量资金和资源去招聘并且建设自己的雇主品牌。许多公司还雇用了一大批猎头机构来帮助他们填补职位空缺。

我们有一位好朋友在一家头部科技公司担任首席数据科学家已经 7 年多了。他说，即使在疫情期间，他平均每周会收到 10~15 封招聘信。有趣的是，他自己也面临找人才的挑战——抢在竞争对手和大型科技公司之前，给他自己正在 D 轮融资的公司招人。他每天要做的事情之一就是使用 Boss 直聘这个招聘工具，绕过猎头甚至内部人力资源部门直接联系候选人①。

字节跳动的张一鸣曾给他们的人事强调，他们给人才的待遇就应该是"行业最高"。因为他相信开高薪还能倒逼公司更好地部署人事；这和奈飞让员工去和竞争对手的猎头聊，并根据竞争对手开出的薪酬条件给员工调薪的攻略不谋而合。

因此，一些优秀的字节跳动的员工年终奖甚至可以达到 100 个月的薪水，而表现良好的员工也能拿到大概 20 个月工资的年终奖，可以媲美华尔街的顶级投资银行②。

除了金钱奖励外，公司还在中国传统节日提供礼品，如中秋节的月饼和端午节的粽子。这在中国的国企和私企都很普遍了；不过，互联网公司会有特制的礼盒，不同公司的员工会互相比较他们收到的月饼，这经常成为社交媒体的热点话题。

技术公司偏好年轻人

自中国互联网发展之初，大公司就一直青睐刚毕业的年轻人。阿里巴巴的一位早期员工告诉我们这有很多原因：

- 应届生更容易培训，因为科技公司所做的很多事情都是新的，经验多往往没有快速的学习能力重要；
- 应届生通常比经验丰富的员工更有自驱力；
- 应届生容易融入到公司的价值观；

---

① 随着疫情之后经济环境的变化和整个互联网企业的重整，对人才的需求已经和几年前大不相同。被视为核心竞争力的比如说 AI 领域，各大互联网公司和创业企业还在争抢人才。但是在运营、推广、管理等领域，人才的供求关系已经开始向需求方倾斜。
② 投行业务和互联网行业一样，在过去两年的下行周期中人才的供求关系发生了变化。

- 激励应届生更容易：付给他们两倍的市场工资，往往能够让他们取得三倍的成效。

华为也一直花大力气在校园招聘应届生。可以看出，这与华尔街银行或咨询业的用人理念没什么区别，定期选拔一大批优秀的年轻人进入公司；让他们在苛刻的工作环境中历练，给予丰厚的报酬；有能力在这个环境中证明自己的人得以快速晋升，其他人则淘汰出局。

最近也有证据表明，许多公司开始裁撤"大龄"员工。如果员工到了一定的年纪无法为公司做出更大贡献，就"非升即走"。残酷的是"年长"的定义可能被设定在仅 35 岁左右，显示了中国顶尖科技公司中激烈的人才竞争，跟美国的 Facebook（后更名 Meta）和谷歌等公司的氛围可能截然不同。

根据市场上的统计，在字节跳动，11%的员工出生于 1995 年之后（29 岁以下）；52%的员工出生于 1990 年至 1995 年之间（即 29 岁至 34 岁左右）；只有 3%的员工年龄在 40 岁以上。有趣的是，男女性别比例为 57：43。与之相比，谷歌的男女性别比例是 68：32，Facebook 则是 63：37[①]。

阻力开始显现

长期以来，在大型互联网公司工作为年轻人们带来了光明的前景——他们的薪水远高于其他行业的同龄人，他们可以获得丰厚的股票期权奖励，同时公司的知名度也让他们的家人引以为豪。

然而，没有一家公司能够无限期地保持高速增长——虽然苹果和微软等美国科技公司在历史上成功地抓住了新的增长支柱，但许多大型科技公司却在全方位的激烈竞争和寻找下一个增长曲线的路上苦苦挣扎。百度就是一个很好的例子，

---

① 2021 年的数字。

滴滴也是，这家占主导地位的出行巨头曾试图进军外卖、金融服务和社区团购等领域，但在每个领域都因遭到该领域的头部玩家的全面阻击而找不到突破点。

对于公司乃至于经济体来说，高增长率可以掩盖许多问题。当增长放缓时，人们的注意力和积极性就会变化。与此同时，过去 20 年来生活水平的大幅提高也改变了年轻人对工作的期望。上一代创业者所宣扬的吃苦精神开始在员工中失去共鸣。

大名鼎鼎的"996"已经从人们引以为豪的奋斗态度变成了年轻科技员工反感的事情。2019 年，马云说"能做到 996 是一种福报，很多人想做却没有机会"。他可能是真心话，如果他早说 10 年，人们会把这句话视为至理名言；但在 2019 年，媒体和社交网络的反应几乎都是负面的。

与大多数地方的同龄人一样，在中国互联网公司工作的年轻人普遍开始对工作时间过长感到不满，并且经常通过社交媒体发泄情绪。然而，除非竞争大环境大幅缓和，否则在可预见范围内这种状态很难有变化。

所以监管出手干预了，在过去几年不仅设置了商业竞争的界限，而且要求互联网公司减少员工加班时间。因此，字节跳动和腾讯分别用 1 075（上午 10 点至晚上 7 点，每周工作 5 天）和 965（上午 9 点至下午 6 点，每周工作 5 天）取代了市场上曾经流行的 996，任何人在工作日晚上 7 点后工作都需要事先获得许可[①]。

其他环境因素也在推动着变化：例如，北京空气污染严重的那几年，我们认识的许多互联网人才都举家搬到了空气质量更好的杭州。这一举动有利于优化位于杭州的阿里巴巴和当地整体的电商/科技生态系统。另一个例子是，当深圳的生活成本（尤其是房价）变得难以承受时，许多来自湖北的年轻人从深圳回到武汉寻找机会，促进了当地生态系统的良性发展。

---

① 理论上，AI 的发展能使得很多运营类的岗位变得更高效，从而缩短员工需要投入的工作时间。但是在一个自由竞争的环境中，除非有监管等上层设立的限制，不然结果很可能是参与竞争的公司会削减所需要的员工数量，并提升剩余员工的责任和产出。

高管：最重要的一批人

尽管公司正在全力引进各个级别的人才，但很多领导者都认为，包括二把手在内的高管们比其他职位更重要。

"中层及中层以下的人才虽然重要，但并不能使我们与竞争对手区分开来"。一家估值千亿美元以上公司的 CEO 曾直言不讳地和我们分享，"在这些层次，我们的竞争对手可以获得同样的人才，他们的能力都非常相似"。

他补充说："但是，公司高层是我们能够建立制胜优势的地方"。

这些公司的高层通常由三类人组成：

1. 与创始人一起创办公司或很早就加入公司的人；
2. 在公司成长阶段加入的经验丰富的管理层；
3. 逐级通过晋升进入管理层的老员工。

经验丰富的高层招聘

在前面列出的 3 种类型中，第二种类型比较特别：从外部聘请的有经验的管理层人员。职业经理人在中国互联网界往往带有负面含义。在人们眼中，他们虽然经验丰富、能力出众，但却不像创业者那样勇于承担责任、敢于承担风险、具有坚韧不拔的精神。

一方面，正如我们本章之前讨论的那样，公司需要经验丰富的资深管理人员加入。另一方面，经验丰富的外来管理者往往有更高的期望值，以及需要文化磨合的问题——所以合作不顺利很常见，因此公司在人才选择和期望值管理方面需要更加谨慎。

此外，一个实际问题是，当公司发展壮大，对高级管理人员的需求发生变化时，如何将合适的人员安排到合适的高级职位上？

这一点至关重要，因为在初级层面，只要战略、流程和系统设置正确，执行起来就不会有太大的差别；但是，在高级层面，人员的能力或是否适合高管职位会给公司带来很大的影响。

除了需要物色、起用和激励这些有能力的管理层以外，领导者的另一项关键任务是妥善处理这些空降而来的高管与原创始团队成员之间的关系。

早期员工和逐级晋升来的高管

对于其他两类高管，一个问题是如何管理那些已经自满或失去动力的老兵们。这可能是一个棘手的问题，尤其是在公司上市和老兵们已经个人财富自由后。公元7世纪唐太宗曾经提到的"打江山容易，守江山难"，说的正是这种现象。

在阿里巴巴的语言环境里，他们有一个特殊的称呼——"老白兔"。老，是指他们在公司的时间长；白兔，是指他们看上去人畜无害，但不争气，缺乏为公司持续创造价值的动力。

核心管理层应该如何面对这些老白兔？一个办法是把他们"优化"出去。比如，2019年2月，京东的创始人刘强东曾宣布裁掉10%的副总裁及以上管理层，其中包括一些早期加入京东的人。

另一种方式则更为宽容，让这些老兵在组织中担任"文化大使"，这是一个没有实际决策权的象征性职位，因此不会阻碍或拖累公司任何实际业务。例如，阿里巴巴的一些老员工经常出现在各种新员工文化培训活动中。

老兵的另一个潜在问题是他们由于长期占据一些岗位获得的权力，这可能会导致腐败。腐败会严重损害公司的文化、价值、诚信甚至生存。

许多中国互联网企业家,就像毛泽东一样,从历史故事中寻找灵感,学习如何防止贪腐并对关键人物问责,这是贯穿中国历史上数十个朝代的一个重要主题,腐败处理得好坏往往对王朝的生存至关重要。14世纪建立明朝的朱元璋因贪腐问题处决了将近一半的高级将领——然而,他的后代却未能有效控制各种腐败问题,导致了明朝在17世纪面对军纪严明的清军溃败而灭亡。而清朝的精英入关之后,养尊处优的环境中他们的后代很快就失去了战斗力和对局势的把控,所以清朝中期不得不依靠蒙古族游牧部落和汉族官僚的私人武装来度过危机和挑战。

中国的互联网公司也是如此。当高管掌握着供应商、合作伙伴和其他利益相关者的权力时,腐败就应运而生。反腐调查往往会导致高管被解雇甚至逮捕。

中国互联网公司的腐败问题

2020年4月21日,百度职业道德委员会通报了一起腐败案件。经内部调查,前副总裁方巍涉嫌贪污,被移交警方处理。

这并非百度首次通报内部腐败,而是百度一系列反腐行动的一部分。2019年7月31日,百度通报了12起内部腐败案件,包括行贿受贿、侵犯商业机密,以及虚假报销、虚报奖金等违纪违法行为。2015年5月,百度开除了8名被刑事调查的高管,其中包括销售和市场部门的高管。

百度、阿里巴巴、腾讯、华为及中国最著名的一些科技和互联网公司都设有内部调查部门处理潜在的腐败问题。

阿里巴巴的马云在位时对任何腐败或失信案件都采取了零容忍的态度,这一点非常有名。2011年,时任阿里巴巴2B业务CEO的卫哲因部下违规失信行为泛滥而被赶下台后,马云向阿里巴巴全体员工和客户发出通告,称阿里巴巴团队需要"面对现实,承担责任,勇于承受刮骨疗毒之痛"。

他还意识到,也许在中国,仅有标准的规则和流程是不够的,阿里巴巴需要更多的东西,不仅要杜绝腐败,还要确保阿里巴巴的员工步调一致,以保持组织的长期运行。

马云与前文提到的关明生及其他几位重要高管一起,开始了阿里巴巴价值和人力资源体系的更新迭代工程——他们的许多经验教训和方案设计至今仍具有重要参考意义。

阿里巴巴人力资源系统

核心价值观的演变

马云和他的管理团队在2021年制定了第一版核心价值体系,其中包括九大支柱:激情、创新、学习和教学、开放、简单、团队合作、专注、质量、服务和尊重。酷爱武侠小说的马云称这九大支柱为"九剑"。

然而,如何将这些价值观融入团队,并使其为团队所用,却成了一个难题。阿里巴巴的大部分早期员工都非常务实,具有拼搏精神,因此当时的一种普遍看法是,对于一家仍在为生存而战的公司来说,讨论"价值观"过于空泛,基本上是在浪费时间。

马云从毛泽东领导的早期革命运动中汲取经验,"用价值体系统一思想,用统一的思想指导行动,形成一致的力量"。管理层将核心价值体系植入必修培训中,特别对业务发展部门——事实上,马云、关明生和彭蕾教授的价值体系占了员工培训时间的60%,只有剩下的40%时间用来培训实际业务技能。

这种做法对于任何一家处于早期阶段的中国公司来说都是新颖的，但却有很好的效果。价值观不符的人很快决定离开，而留下来的人则可以齐心协力地工作。

"九剑"后来演变为"六脉神剑"：

1．客户至上；

2．团队合作；

3．拥抱变化；

4．诚信；

5．激情；

6．承诺。

"客户至上"指导员工在面对利益冲突时应确定客户优先的次序；"团队合作"和"拥抱变化"是团队与外部环境互动的原则；而"诚信""激情"和"承诺"则是员工需要具备的基本素质。

2019 年，在集团成立 20 周年之际，阿里巴巴再次进一步刷新了自己的价值体系，新的六大原则是：

1．客户第一，员工第二，股东第三；

2．因为信任，所以简单；

3．唯一不变的是变化；

4．今天最好的表现是明天最低的要求；

5．此时此刻，非我莫属；

6．认真生活，快乐工作。

当时已接替马云出任阿里巴巴集团首席执行官的张勇说，新原则的关键目标是"找到能在未来 5 年、10 年和 20 年与我们一起走下去的人"。

评估评价

在马云执掌阿里巴巴时，公司非常重视员工的价值观。在对员工的季度考核中：价值观占总权重的 50%，而真正的工作绩效占另外 50%。

有趣的是，阿里巴巴在早期管理层的教育中，非常直白地将员工分为五类：

1. 狗（业绩差，价值观差）；
2. 野狗（业绩好，但价值观差）；
3. 小白兔/老白兔（业绩差，价值观好）；
4. 牛（平均水平的业绩和价值观）；
5. 明星（优秀的业绩和价值观）。

除了"野狗"之外，其他类别的员工都比较容易处理。然而，在早年间集团不得不直接解雇不少这类员工，之后整个组织都意识到了管理的重要性[1]。

管理人员的培训

老阿里巴巴的经理们都接受过系统化的管理培训——其中不乏借助了一些西方成功大企业的管理理念和阿里巴巴自创的方法论。从根本上说，管理者要明白，只有当团队成员的个人目标与团队目标一致时，团队才能取得成功。为了实现这

---

[1] 很多朋友认为阿里巴巴的这套价值体系在特定的历史阶段帮助公司实现了突破并且在竞争中获得凝聚力。然而，在公司变大的过程中很多时候由于内部外部客观条件的变化，体系也需要作出调整，不然可能成为发展和保持竞争力的桎梏。虽然阿里巴巴的价值观里面有"唯一不变的是变化"——如何应变，还有如何在一个大的组织内平衡变和不变，并不是一个简单的是非题。

一目标,他们需要挖掘团队每个成员的个人目标,并不断向员工解释团队的目标。这是一个反复进行的 4 步过程:

1. 深刻理解团队的目标;
2. 形成团队的"梦想";
3. 发掘个人的梦想(可以是物质、成长或责任);
4. 保证两者的一致性,并不断向员工"推销"团队的梦想。

"不断推销"主要提醒管理者需要利用各种渠道——口头、邮件、招聘等对内对外强调这些梦想。

对员工而言,最佳"画大饼"的时机包括入职、(季度或年度)考核、遇到困难时或取得阶段性成功后。

阿里巴巴的培训材料还提醒经理们:"员工是公司借给你的资产,你的责任是让他们增加价值"。因此,经理们需要不断地问自己:"我的团队成员们在我的带领下价值是增加了还是减少了?他们只是在完成任务,还是在不断获得职业成长?"

照顾团队成员的个人情绪也是一项重要责任,否则"一旦遇到挫折,他们首先想到的就是离开"。

培训经理们的另一个重要工作是如何处理工作表现不佳或不适合该职位的人员。

这要从招聘就开始,要求管理人员在做出招聘决定前根据 6 项标准对候选人进行评估:

Yes:

1. 他将为公司带来长期价值;
2. 他将增强团队的力量;
3. 如果他去了竞争对手那里,我们就会吃亏;

No:

1. 他应该能胜任这份工作,我们缺少人手;

2. 我有点犹豫，但我觉得他没问题；

3. 业务压力太大，他来顶岗是好事；

在员工解雇方面，要求管理者在做出决定之前首先反思"我是否充分帮助了这个人"这个问题。他们还需要记住一些简单的格言（"阿里老话"）：

- 心要仁慈，刀要快；
- 让他走是对他好；
- Happy Stay，Happy Go！
- 消毒要及时。

最可怕的情况是"该走的人不走，该留的人走了"。

此外，很多时候，一个人应该离开当前的岗位可能不是因为他表现不佳。如果一个人的表现超过了他所担任的角色，或者他的潜力在这个角色上已经无法充分体现，那么就应该赋予他更多的职责，让他轮换到另一个角色，或者让他负责培训团队。

所有上述内容都被提炼成非常简单的格言，并在内部培训中被广泛使用。此外，正如他们所宣扬的，培训就像销售梦想一样，需要持续不断地重复进行。

阿里巴巴的政委体系

担任集团首席人事官（CPO）的彭蕾也建立了一个名为"干部管理体系"的制度。他们从共产党领导军队的模式中学到：无论大小的部队单元都有一个指挥官和一个政委。政委做什么？进行相关部队单元的政治和理论教育。

阿里巴巴的想法是，虽然每个部门的负责人和业务领导人都擅长处理部门业务，但他们不一定同时适合宣传价值观。这是因为他们的背景不同，管理风格不同，而且他们自己也不一定擅长处理人际关系和价值观问题。

所以人力资源通才的职责是向员工宣传组织的价值和更高的目标。

彭蕾曾提到"当首席执行官不知道什么是对组织正确的决定的时候，首席人力官应该勇于点拨和提醒首席执行官"。

因此，阿里对各个业务单元的 CPO 也有很高的要求。他们需要非常了解业务，否则他们的建议可能会把团队推向错误的方向。

然而，后来出现的一个挑战是，如何让 CPO 领导下的人力资源部门保持驱动力，因为他们并不真正对业务成果负责；阿里巴巴的一些海外业务部门就会有这样的情况[①]。

合伙人制度

这类计划至少能确保每位员工都能理解和尊重价值观。然而，从长远来看，就像任何基于指标设计的员工考核和激励制度一样，数字很容易被人为操纵。而且，数字终究只是真正价值创立的一个代理指标（proxy），而不是价值创立本身。此外，随着竞争和人才环境的不断变化，价值观的传播方式或价值观本身也需要不断变化，这给组织带来了巨大的挑战。

为了维护阿里巴巴集团价值观的一致性，也为了确保集团长盛不衰，马云创立了合伙人制度。这一制度与其他类型的现代科技公司治理方式大相径庭，颇受争议。至于具体是否可行，我们期待在几次领导层更迭后看到结果。

[①] 一个很实际的问题就是海外的业务往往涉及跨文化的管理，以及一整套与国内不同的挑战要面对。这个时候如果业务表现不佳，到底是市场客观情况还是业务部门负责人没有做好，其实并不太容易去界定（当然，也有可能是方向和执行都对了，集团的投入没有到位，但是这种情况相对比较容易辨别）。因此，在同样远离公司总部、同样要面对不同挑战的过程中，CPO 部门相对业务部门到底应该负什么样的责任其实也需要重新界定清楚的。

外卷：中国互联网巨头的全球征途
Seeing the Unseen Behind Chinese Tech Giants' Global Venturing

阿里巴巴的合伙人制度

阿里巴巴合伙人制度创立于2010年。与普通合伙制度不同，阿里巴巴合伙人制度的独特之处在于合伙人不对经营盈亏负责。此外，阿里巴巴合伙人制度最重要的特点是，合伙人享有董事会半数以上董事的提名权，而不是根据持股比例分配董事会席位。

合伙人候选人必须符合几个标准：1）具有非常正直的人品；2）为阿里巴巴或密切关联公司工作五年以上；3）对公司发展有积极贡献；4）能传承公司文化或者愿为公司价值观竭尽全力。

阿里巴巴合伙人委员会必须由至少5名但不超过7名合伙人组成，其中包括合伙人委员会的连续成员。该委员会目前由马云、蔡崇信、张勇、彭蕾、邵晓锋和吴泳铭组成[1]。

■ 出海时人的问题

虽说领导者在出海过程中至关重要。所有扩张最终都需要人来实现。中国互联网企业认识到人才的重要性，并投入大量的时间和精力去发现、选拔、激励和留住不同级别的人才时，走出国门的中国互联网企业在人才问题上面临着另一种复杂性和巨大的挑战。所以关键困难是什么，到底如何填补出海中人的缺口？

---

[1] 已经更新到2024年5月的信息。

第5章 人

文化背景和语境：心态的第一次改变

出海中人的问题有两面：一方面我们经常听到包括高管在内的海外员工抱怨他们工作的中国公司存在信任、沟通及文化方面的问题；另一方面公司本身也感觉颇受挫折。

他们需要物色合适的人选来承担海外扩张中的关键责任，而在当地市场聘请这些人后，当地的文化，包括沟通方式和沟通内容都有很多不同。很多时候这些不同并不只是因为文化的差异，而是因为沟通双方所处的环境和发展阶段的差异——很多对一方来说理所当然的事情可能对另外一方来说就是天方夜谭。

例如，中国的移动支付被阿里巴巴和微信双头垄断已久，以至于打造新产品时，产品经理们都不会想到支付是个问题，但在很多市场并非如此，这种基础认知上的差异常常导致沟通效果不佳。

通常情况下，不仅是核心领导人，公司内部的其他团队或高管也需要对接海外的经理们，而误解和挫折可能发生在他们最意想不到的地方，然后破坏双方的信任感，降低公司运营效率。

让事情变得复杂的是，中国有着语境非常复杂的文化，即许多信息是蕴含在沟通双方的语境中，而不是需要明确表达出来（比如所谓的"你懂的"）。印度尼西亚、泰国和沙特阿拉伯等许多中国互联网公司进入的市场也是高语境市场。但问题来了，大家的语境其实各不相同，所以沟通中互相的理解差异被放大了，更加增加了工作难度。

在这方面，亚马逊等美国公司有很大的优势，因为美国文化语境相对简单，倾向于直接沟通。而且在许多国家，有很多精英接受过西方教育，熟悉英文语境，并擅长与美国人沟通。

例如，亚马逊投资了数十亿美元启动并扩展印度的电商业务。他们能够派遣

外卷：中国互联网巨头的全球征途
Seeing the Unseen Behind Chinese Tech Giants' Global Venturing

已经在亚马逊工作了 14 年的印度人阿米特·阿加瓦尔（Amit Agarwal）担任全球高级副总裁兼印度业务主管前往班加罗尔启动印度业务。同时，亚马逊印度业务的许多高管都是曾在亚马逊工作过的印度人。

此外，由于亚马逊以英语作为工作语言，其他印度高管融入亚马逊并且和总部的各个需要协同的团队沟通也不成问题。同样，亚马逊的中东业务部门也能吸纳受过西方教育、精通英语和阿拉伯语的管理人员[①]。

相比之下，当阿里巴巴开始认真地进入印度市场时，发现会说中文并能与中国团队有效协调的印度本土高管简直屈指可数（我们当时还真数过，一只手就能数过来）。

我们认为，认识到这一点，是中国公司领导者和管理者在拓展市场时为能够有效地与在地市场的人打交道所需要的第一个思维转变。

如何填补人才缺口？

谁是在海外市场中担任关键职位和做出关键决策的最佳人选？他们不仅需要担任中国公司领导层的千里眼、顺风耳，更是他们的左膀右臂和感官系统的一部分。我们所研究的公司在各自的发展历程中都有不同的选择。

从其他有海外经验的中国公司挖人

华为和中兴通讯这两家电信设备公司，长期以来一直是海外业务的先驱。当中国科技和互联网公司进军海外，这两家公司的高管就成了猎头的首选目标。早

[①] 值得提出的是，在地市场员工和总部员工的有效沟通是成功的必要条件，但肯定不是充分条件。亚马逊在印度和中东并没有能够很像在美欧发达国家一样遥遥领先竞争对手其实就说明了一些问题。

期有一段时间，阿里云的整个海外销售团队几乎都是由华为前高管组建的。

在政府关系等领域，以及在印度尼西亚和巴西等市场里，一些公司还聘用了以前支援过当地基建和在当地央企工作过的高管。

即使不直接雇用这些人，中国公司至少也会咨询当地的中国商会，试图更多地从中国人角度了解当地市场。

虽然其中一些高管工作出色，但总体而言，文化契合的巨大挑战依然存在。与日本和韩国的企业一样，大多数有经验的中国企业的前几代海外高管都专注于向当地企业销售产品或解决方案。这些高管通常在 B2B 销售、分销渠道建设和政府关系方面经验更丰富。

这些技能在每个海外国家固然非常重要，但它们往往不同于技术、产品和用户运营等消费科技公司需要的核心业务技能。

我们看到的另一个挑战是路径依赖，而过分依靠过往的成功经验来决策和行动。来自其他行业的高管在互联网领域可能未必能够那么灵活变通。我们曾在印度尼西亚和沙特阿拉伯看到过这样的案例：本应该专注于用户获取和客户体验的商业模式，却因为过度关注政府关系和建立合作伙伴关系而使业务扩张走向了错误的方向。

海外拓展是中国互联网成功创业者的第二次征程，在评估、委托和帮助已进入市场的传统中国公司的招聘人员时，领导者需要意识到这些潜在的不匹配，并及早解决。

在外国市场招聘当地人才

一种更激进也更快的方法是，在每个海外市场去发掘和聘用最优秀的当地人。第四章"领导力"中提到的小米公司的成功就是一个很好的参考和标杆。

京东在泰国与尚泰集团（Central Group）成立合资企业时，委任了泰国当地管理层；执御曾从后来被亚马逊收购的中东电商平台 Souq.com 聘请了一位当地人担任中东地区总经理；滴滴在向拉丁美洲扩张时，从 Uber、Easy 和 Cabify 挖来了一批管理人员。

然而，事实证明这样的方式在很多情况下都很有挑战性。京东在北京的经理抱怨泰国经理反应太慢；执御在沙特市场的中国经理直接找国内对应部门协调，绕过了中东总经理；滴滴在拉美的许多当地高管也很快就离职了。

2016 年阿里巴巴收购东南亚电商平台 Lazada 之后，曾经有一段时间选择信任现有的海外管理层，并希望他们的在地经验能够和阿里巴巴集团的电商认知相配合。后来这种方式并没有起到很好的效果，2018 年集团从中国抽调派遣了一批管理人员来接管。

许多人简单地将这些问题归咎于中国公司的高压政策或自上而下的管理方法。然而，这种评价太过简单，整个事情的发展过程中有很多细节需要理解。我们说一下其中的 4 个问题：

第一个关键问题是前文提到的文化背景和语境的差异，它让沟通和期望不统一。多年来，西方公司已经在许多传统行业中摸索市场规律，甚至有数十年经验。对于许多中国互联网公司来说，他们才刚刚出海，缺乏足够的文化意识和培训意味着双方往往都很难达成理解完全一致的共识。

第二个问题是工作语言。许多中国公司，尤其是阿里巴巴和腾讯的经理人，往往不能够有效地使用英语沟通，更别提所在国的当地语言了。语言沟通上的困难让他们更容易有误解，于是需要重复澄清问题，从而使沟通的双方都产生挫败感。

其次，许多互联网和科技相关领域的公司，在中国的发展远比许多其他市场成熟。没有经历过这种发展的外国高管往往很难理解或应用从中国学到的东西，这让本就很复杂的沟通上更加麻烦。

例如，中国的互联网管理者往往对消费者流量、增长和用户运营有很深的理解，而当地市场的同行和同事则很难站在同一起跑线上。很多时候，我们看到跨境协同团队对"营销"的方法论争论不休（是的，甚至连对"营销"的基本定义都可能不同）。

第三个问题是对速度的期望。在中国，尤其是内卷中的互联网行业，工作节奏飞快，而在许多发展中国家，由于诸多原因，本土公司的运营速度相对较慢。这种期望的差异往往没有得到很好的沟通和协调，导致管理层过早做出决定改变战略。我们在第四章"领导力"中提到，快手增减对目标市场的投资决策是基于市场对测试拉新活动的反应，而不是看反应背后的根本原因。

还有很多其他的例子，例如，一个战略一旦推出后 3 个月内没有取得任何成果，管理层就立刻改变战略——然而，在整个过程中人们没有想到，产品更新至少需要 1~2 个月的时间，而用户适应新产品又需要几周的时间。因为很多国家的用户并没有像中国消费者一样已经被无数的互联网产品轰炸。因此，中国公司期望在 3 个月内取得成果在很多市场都是不现实的。这个简单的时间概念在中国与在国外截然不同。

反欺诈

2018 年，我们参与了一个互联网项目，业务在雅加达（一个相当有经验的团队），技术团队在国内。

印度尼西亚团队解释说，电子优惠券诈骗可能是个大问题，中国技术团队立即设计了一套复杂的方案来防止相关漏洞。在有过蚂蚁工作经验的反诈专家的领导下，该系统在短短两周内完成了设计、开发及上线。

唯一的问题是，从印度尼西亚的运营人员到客户都不知道如何完成的这套流程，所以没有人能够使用发布的新产品。

我们开了好几次会去解决这个问题，但都没有任何进展。直到我们派反诈专家飞往雅加达，在那里观察了一周欺诈模式后，才找到了一个既安全又可用的解决方案。

他离开印度尼西亚的时候说："我没想到这里的诈骗这么简单，太容易对付了"。据他说，他最初设计的系统可以捕捉到中国90%最狡猾的欺诈者。他所说的在中国看到过的相应的诈骗模式一年半之后才开始在印度尼西亚出现，而原因是中国背景的欺诈者也开始进入印度尼西亚。

我们会在第7章"产品"中详细讨论分析这类问题。

第四个问题是文化，正如我们在本节开头提到的。比如说，阿里巴巴的价值观与受西方教育的高管的经历非常不匹配。而同时，在海外使用文件和培训材料都是简单地从中文直译过来的。从外面招来的高管往往很难与中国母公司的文化产生共鸣，很容易感到沮丧。

许多公司已经意识到了这个问题——我们认为，让外籍高管先到中国总部接受培训，比从全球范围招聘管培生先到中国来工作一段时间的做法更好。美国公司多年来一直这么做，不过对中国公司来说，难点还是在于如何有效执行各种细节，以及对这样一个可能不会立竿见影的长期投入有多大的耐心。

从总部外派

与欧美日韩公司一样，中国的互联网公司在过去几年也使用外派。外派人员有足够经验和专业知识，理论上能够更快地解决问题。他们了解公司的历史、产品和组织文化，而且有和总部的信任基础。因此，他们能够有效地把当地市场的实际情况传达到总部，并将总部的高层决策落实在当地市场。

然而，我们都知道外派人员的缺点。他们中的许多人并不打算长期驻扎在目的地市场，所以缺乏深入了解市场的决心，也不太会采取一些短期不会出成绩但长远来看才有效的措施。

对于像华为这样销售 B2B 产品的公司来说，这个问题并不严重；但是对于依靠 B2C 业务的公司来说，平衡短期目标的同时目光不能放长远就是个严重问题了。

从阿里外派的 Lazada 员工

在 2018 年全面接管 Lazada 的管理后，阿里巴巴陆续派出多名高管去 Lazada 管理东南亚市场。然而，很多来自杭州的高管在东南亚市场的表现却不尽人意。因此，2018 年后 Lazada 高层的人事持续发生变动。

外界常常指责 Lazada 来自中国的高管不理解文化，在管理本地团队时过于武断。虽然可能个别人是想快速出成果然后升职，但我们也看到有人是真正想改变现状、发展业务。毕竟他们都是精挑细选出来的阿里巴巴高管，业绩记录都很好而且——尤其是第一批，可以被当成国际化的先锋。

然后呢？想要做出改变真正作出成绩的人往往陷在与 Lazada 新加坡总部、集团总部不同部门的沟通协调中，有时还要与负责支付的蚂蚁和负责物流的菜鸟等集团下面的的其他团队沟通。整个决策链中很多人都不在当地市场，事情自然进展缓慢。其他团队的人需要先吸收信息，他们没有亲身经历，对当地商业没有良好的感受和判断。再加上业务上对速度的要求，沟通更是循环往复——具体事情上的决策质量很多时候并不高。

系统性规划和培养——管培生计划

一些公司意识到这是个长期的事，于是开始系统性建立内部国际化人才库。例如，阿里巴巴和京东等巨头推出了全球管培生项目，在全球范围内寻找年轻人才。

虽然这个方法论看上去很有道理，但执行起来往往很困难。首先，互联网是一个瞬息万变的市场，这一点我们已经多次提到。当组织为了应对市场需求而频繁改变工作重点时，周期很长的培训生计划就很难取得成效。

随着组织重点的变化，许多培训生会迷失方向，导致培训效果不佳或有潜力的人才流失。传统公司的培训生项目也曾出现过这种情况，但互联网公司因为对速度的要求往往流失速度也会更快。

阿里巴巴全球领导力学院

2016年，阿里巴巴启动了阿里巴巴全球领导力学院（AGLA），旨在打造"一个变革性的人才发展项目，致力于促进阿里巴巴未来国际领导者的发展及新经济的发展"。他们从全球招募102名有潜力的人才，接受为期16个月的轮岗培训。此外，学员还可以学习中国的电商文化，以及中国的文化、历史和艺术。

完成培训项目后，学员将被送回海外，带领当地团队拓展国际业务。

此外，许多公司在国际市场上没有成熟的经验，无法对这些青年人才进行充分的培训并让他们接触真实市场。很多时候，这就变成了一个国际青年人才学习运营公司的项目，而与真正的海外目标市场脱节了。

京东国际管理人才（IMT）计划

2013年，京东启动了国际管理人才（IMT）计划，这是一项为期3年的定制化发展计划，旨在培养具有全球视野的领导者。

因此，候选人必须从全球顶尖商学院的MBA课程毕业，雄心勃勃、有着坚定而宏伟的职业愿景。然后他们才有机会申请全职职位。例如，第一批候选人都是来自沃顿商学院、斯隆管理学院、欧洲工商管理学院和伦敦商学院等名校的应届MBA。京东创始人刘强东希望这些人才能成为下一代的领导者。

录取以后，候选人将在京东多元化的业务部门进行为期10个月的轮岗，并接受C级高管和副总裁的直接指导。候选人将从轮岗的每个部门和导师那里系统性学习包括不同品类的采购和销售、仓储和配送、进出口、客户服务、大数据和云计算、消费金融、保险、支付解决方案和供应链金融在内的业务相关知识。

在阿里巴巴、京东和其他许多传统跨国公司，很多有潜力的管培生在项目完成后并不会选择继续留在公司。如前所述，这与项目的执行情况及管理层的期待值有很大关系。

在此，我们要强调的是，从零开始建立国际人才库并非易事，公司应该对这样的工程抱有正确的期望。领导者应该像对待国内招聘和培训战略一样，做出长期承诺，并相应地调整团队。

破解密码

尽管在海外扩张过程中填补人才空缺困难重重,但我们发现有几家公司可能已经破解了这一密码。例如巴西的 TikTok,据一位熟悉其发展的当地华人朋友说,他们最初试图聘用当地的高管,或一直生活在巴西的华为/央企高管。但他们发现,大部分这些人都不合适,既有文化方面的原因,甚至还有代沟问题——因为 TikTok 的目标受众是青少年,和 B2B 公司每天打交道的人完全不是一代人。

最终,公司选择了聘用一些大学学葡萄牙语的中国背景年轻人。

他们年轻,对于中国巴西文化都很适应,而且因为熟练使用葡萄牙语,事业和理想上倾向在巴西市场发展。而且他们还能与 TikTok 想要获取的有抱负的年轻巴西本土人才在工作中更好地产生共鸣。事实证明,他们是帮助 TikTok 在巴西扎根并持续发展的重要力量。

公司可以综合采用"海外扩张中的人员问题"一节中强调的各种方法,并了解每种方法所面临的挑战和困难,我们在此总结了一些一般性要点:

- 员工的专长要符合公司产品和目标市场。这种契合可以最大限度地利用员工的知识、技能、社会资本和人脉关系来进行海外扩张。如果聘请一位在 B2B 领域有深厚背景的高管管理 B2C 业务,公司就需要付出额外的精力去关注业务进展。

- 在海外市场中,不论是聘请当地人才还是从总部派遣员工,都需具备坚定的使命感。缺乏这种坚定品质,员工将无法深入理解当地市场,看不到公司长远的发展前景,缺乏征服市场的决心,特别是在遇到难题时更是如此。员工的这种品质还需要得到具有长期视野的领导层给予相应的支持,这一点我们在第 4 章"领导力"中进行了探讨。

- 在管理公司海外扩张的过程中,负责人必须对不同文化高度敏感。他们不仅需要熟悉本组织和行业的文化,同时还需深入理解中国文化及其在市场中的特殊性。考虑到华人在全球市场，尤其是东南亚和拉丁美洲的广泛分布，招募当地华人作为员工似乎也可以。然而，我们必须清醒地认识到，大部分当地华人的成长和教育环境与中国大陆有着显著不同，他们的目标、期望及文化理解可能都与中国大陆的年轻人有较大差异。因此，即便可以聘请华人员工作为文化沟通的桥梁，有效的跨文化交流和管理远比简单的共同语言和血缘联系复杂，需要我们更为深入地理解和细致管理及布局。

- 员工激励要对症下药。虽然金钱等物质奖励是常见的动力来源，但其效果会因文化、社会经济背景和个人目标的不同而变化。我们常听中国管理者说，即便提供3倍工资，某些国家的员工也不愿加班。

很多海外当地员工并不能理解强迫性的激励措施，比如高薪加班，这种激励措施有时甚至会适得其反。

金钱产生的激励效果并不总是相同的，而且人们想要的东西也可能不一样，在海外开展业务的中国企业，需要积极探索适合当地的激励机制，建立合适的雇主形象来吸引人才，并确保员工的个人目标与公司在当地市场的目标一致。

在这方面，中国企业可以从那些在这些市场成功运营多年的传统跨国公司身上学到许多。毕竟，中国领导者学习和反思的能力很强。

给领导层提出的问题

为了结束本章的讨论，我们和第4章一样提出一些问题供领导层思考。通过深入反思这些问题，领导者可以更好地准备和实施海外扩展策略，确保能够吸引和保留关键人才，同时克服文化和市场的挑战：

- 谁来领导你的市场拓展工作？如何确保选派最合适的人才来成功推进扩张计划？
- 如果负责市场拓展的员工表现不佳，你如何查明原因，并采取何种措施？
- 公司的其他部门和同事是否足够了解目标市场，是否愿意支持出海扩张工作？在必要时，他们是否也愿意长期驻扎在地市场提供支持？
- 公司的核心价值观和人力资源体系对目标市场的人才有吸引力吗？如果没有，怎么改进？
- 你是否足够了解目标市场上的人和文化，能有效地与当地人沟通并理解他们的反馈？
- 如何对员工进行客观评估？除了物质奖励以外，你怎么进行员工激励，让他们保持积极性并留在这些市场？
- 你是否研究了其他中国企业或跨国公司在相同市场解决人才问题的成功经验？

第 6 章

组　织

"管理者会很有动力去推动公司建立更多更明确的规则。这股力量像重力一样，一直在把公司往更多规则的方向拉。在这个过程中，我们一定要抵抗组织的重力，这会让自己一直处在拉伸的状态。"

——字节跳动联合创始人、CEO 梁汝波

字节跳动研发团队的一位经理与新任 CEO 的梁汝波讨论时说,他们部门一位非常有前途的工程师被另一家公司以两倍的薪水挖走了。

梁汝波问他,"如果你真的觉得这个人有前途、有价值,你为什么不也抬薪水,反而让竞争对手把他抢走?"

原来,这位经理已经试过了,但在 HR 系统中,他能为这位同事申请到的最高薪资水平都不足以匹配竞争对手开出的条件。

由于张一鸣决定退出字节跳动的日常工作,专注于国际市场及其他更长远的发展,联合创始人梁汝波接手了字节跳动。梁汝波是张一鸣的大学同学,现在他必须挑战领导这个数十万人的组织。

这位经理的话让他大吃一惊:他已在公司工作多年,但是却因为一个系统设置限制无法使公司利益最大化。

梁汝波和张一鸣都是奈飞"情境管理而非控制"("Context,not Control"-第 4 章提到过)文化的推崇者。他们也推崇使用目标和关键结果(OKR)而不是关键绩效指标(KPI)。他们意识到在大型企业中尤其需要确保实际操作和战略理论方向一致。

对于规模已经很庞大且还在不断发展壮大的组织来说，规则越来越多，也越来越清晰明确是很正常的事。他让组织在很多决策上能够有明确的依据。不然的话，每一件小事都要上报，反复研究、讨论和调整，这个过程过于低效。然而随着规则增多，组织在提高决策效率的同时，可能会变得官僚僵化，不适应快速变化的环境。

在瞬息万变的互联网世界里，这种僵化会很致命。所以中国互联网大公司的领导者首要任务之一是保证组织敏捷协作适应变化。

这个挑战是大公司普遍都有的。在全球范围内，我们看到过许多一度成功的公司因为组织变大以后缺乏灵活性，结果被市场淘汰和遗忘。市面上有许多关于这个话题的商业文献和针对具体案例的研究，其中包括前 IBM 首席执行官路易斯·格斯特纳（Louis Gerstner）撰写的经典著作《谁说大象不能跳舞》（*Who says elephants can't dance？*）。

传统的观点是这样的：当一家公司取得成功时，它的组织就会变得僵化，高管就逐渐自满，也就无从谈起改革创新。尽管高层领导通常清楚地知道哪里需要改革、需要哪些改革，但在公司内部每个个体的惰性和组织的复杂性面前，很难实施改革。

所以需要什么样的结构、规则和流程呢？如何在不断变化的环境中驾驭一个数十万人，多部门的组织？

中国的企业领导人可以从历史中吸取教训。中国历史上许多朝代在达到鼎盛时期后很快就陷入了衰落，比如汉朝、唐朝和不远的清朝。历朝历代的皇帝和改革派官吏都为阻止朝代衰亡而做出过各种努力，结果往往都以失败告终。

在今天，激烈竞争的环境下包括衰退在内的一切都发展得很快，几乎所有中国的大型公司都为了避免这样的命运而把"组织"列为首要议程。阿里巴巴、华为和平安组织讨论相关的书籍在中国书店的商业版块比比皆是。

然而，当这些公司将其成功的组织经验应用到海外扩张时，又会出现另一系列挑战，使组织的进化成为一个不断发展而充满挫折的过程。本章将探讨我们可以从这些历程中吸取的经验教训。

关键的组织问题

不用多解释，一群目的一致被集结在一起的人就是一个组织。组织既包括静态的公司上下级结构，也涵盖动态的公司决策、信息沟通和资源分配过程。

核心问题是如何组建正确的组织，去提供正确地满足客户需求的产品，并适应环境的变化（见图6.1）。

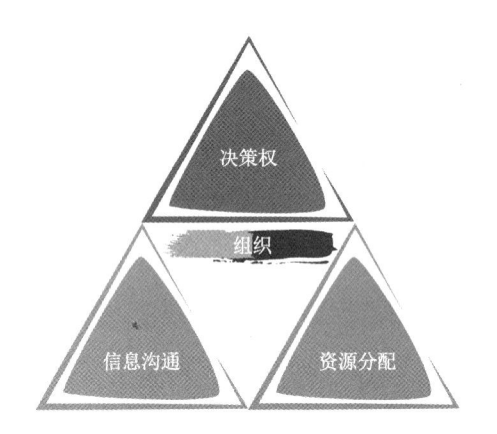

图6.1 组织中的关键问题

分工与合作

正如欧洲工商管理学院（INSEAD）教授Phanish Puranam 在其著作

《组织的微观结构》(*The Microstructure of Organizations*)中提出的那样,需要考虑组织的基本问题是"工作的分配"和"成果的整合"。

在工作分配过程中,公司将大的规划细分为给不同人和小组的不同任务,利用不同人和小组的专业度和经验提高整体的效率,然后这些人和小组互相协调才能形成连贯的产出。

中国的大型互联网公司通常在分工方面做得很好:建立独立的业务部门、细分组织到每个职位,并且职位描述都很具体详细。这些具体措施能帮助企业将战略大目标划分为具体、可衡量的小目标。但同时会有另一个问题:如何将所有的努力整合成一个一致的结果,如何协调不同的分工来实现同一个目标。

让事情变得更加复杂的是,不同层级的员工之间的代理问题(agency problem)——他们的个人利益可能与组织目标并不完全一致。再加上信息传递过程中的偏差和科技市场瞬息万变的特点,有效整合工作成果可能相当困难。

为了有效地让业务专精之后再整合,即使不能最优化,组织也需要解决决策权、信息沟通和资源分配等关键而相互关联的问题。

决策权

所有公司和老板都面临一个长期挑战,如何分配**决策权:权力下放还是集中?**

一方面,你要给当事人足够的灵活性;另一方面,也希望组织资源的流动在竞争激烈的环境中协调一致。另外,如何确保不同层级都有合适的人,始终做出正确的决策?

人们常说的扁平化管理和权力下放并非因为偏好如此,而是出于生存和竞争的需要：信息需要快速有效地流动，资源需要以同样快速有效的方式分配/重新调整。

华为创始人任正非曾指出，市场中的人应该拥有决策权："谁来呼唤炮火，应该让听得见炮声的人来决策"。他担心华为会成为一个臃肿的官僚组织，高管们沉溺于流程而非对市场的认知。

然而，"让能听到炮声的人来做决策"是一句表面话，虽然有激励作用，但却不能轻易照搬。我们不是在玩战略型电子游戏，游戏中的决策能得到实时的结果反馈。现实生活中的许多决策都涉及人员和资源的调动，并对组织的其他部门产生影响——真实的效果往往需要时间来验证。

举个例子：你是杭州一家中国跨境电商公司的东南亚区总经理，你的越南同事想抓住一个新的细分市场因此需要重新调整供应链，但这样做会对公司在泰国市场的业务有直接的负面影响。而公司在泰国市场规模较小但利润更高。能让越南的经理做决策么？你做么？？还是让你在杭州的上司来做这个决策？

事情就变得不那么简单了。

信息沟通

当组织中的信息沟通受阻或效率低下时，决策者就会获得不完整的信息，或误解接收到的信息。

在行业成熟的稳定公司中，高管们可以根据市场反馈、研究公司和建立好的内部沟通渠道获得大量信息，进行合适的战略规划；而在快速发展行业中的成长型公司（或者大的互联网公司在海外的成长型业务），往往需要在结构化信息出现之前就做出决策。

此外，市场信息还在不断更新和变化——新的法规、新入场的竞争对手、新的投资，等等。

资源分配

组织内的资源包括资金、材料、人力资本、时间和其他资产,这些都是企业及其业务部门有效运作所必需的。组织规模再大,都会面临资源有限的问题。面对有限的资源领导者必须做决定——哪里是业务重点、分配多少资源、资源部署的速度等。

在理想情况下,资源可以像信息一样流动,并支持决策。在现实中,各业务部门之间都在争夺资源,资源量往往随着快速变化的市场环境改变。

总之,组织是一个结构化的问题,涉及多个要素。著名学者阿尔弗雷德·钱德勒(Alfred Chandler)在1962年提出的"结构服从战略"的法则易于理解,但很难实施。任何不够本地化的产品案例都可以归咎于组织层面的失败:可能是决策权与资源分配不匹配,可能是信息流通受阻或过程中沟通不畅,也可能是这些因素的组合。

中国的互联网领军企业其实都意识到了这一点,并在国内市场的业务中采取了许多措施来积极应对这一挑战。

中国互联网企业的组织

成功的中国互联网企业中通常有强大而稳定的领导层掌权。信息由上至下传达,总部决定如何进行资源分配。通常组织都是最高层说了算,以确保组织一体化和总体目标的实现。

那么问题来了,在高层人员有足够的精力做出明智、优化决策的前提下,组织可以发展到什么规模和复杂度？

为了防止衰落，保持组织的灵活适应性，中国大型互联网公司的领导者往往会参考中国历史做出各种努力。我们注意到，中国互联网公司已经开发出以下一系列战术：

- 持续的组织结构调整；
- 管理人员轮岗制；
- 制造内部竞争；
- 开发内部协同工具；
- 组建小型的敏捷团队和中台。

接下来，让我们对以上战术进行详细说明。

持续的组织结构调整

世界各地大公司的高管们可能对调整组织结构并不陌生——这种调整一般几年一次，旨在通过调整组织结构，控制人力成本，有时但并不总是伴随着裁员。

中国大型互联网企业的独特之处在于，就算没有重大战略调整，它们也会持续小规模地调整组织结构。

例如，自 2015 年张勇接任阿里巴巴集团 CEO 以来，每年都会进行一次大的重组：重新调整主要业务部门的资源配置，重新分配高管，孵化新的创业项目。部门层面的小调整，甚至团队层面的微调整，也会伴随着这些重大调整发生[①]。

张勇在宣布一次调整后，说："商业环境和客户需求在不断变化，阿里巴巴总是在不断变化中成长，从分离淘宝和天猫，到全面进军移动端，每一次重大组织调整都释放出巨大的生产力。"

---

① 当然，阿里巴巴 2023 年开始的组织变革从广度和深度到复杂度都远远超过了这里提到的张勇在位时的各种变革。

他补充说："只有勇于改变自己，拥抱不确定的未来，才能为消费者和客户带来确定的服务和体验。这是任何一家公司在当下对未来最好的证明"。

频繁重组的公司不止阿里巴巴一家。美团创始人王兴曾对他的团队说："美团距离破产永远只有六个月的时间"。这句话反映了王兴对战略、组织和竞争环境的紧迫感。

美团的业务和组织结构一直在不断适应快速变化的竞争环境。2015年，美团将公司分为五大事业群，分别覆盖酒店、外卖、堂食、餐饮和其他平台业务。2017年1月，为了更好地响应市场需求和提升内部效率，五大事业群进一步重组为三个事业群。到2018年10月，又进行了两轮重组，对现有业务进行了重新组合，并增加了新业务。

即使是在2021年，当打车巨头滴滴面临监管，被迫停止新用户注册时，美团也抓住了机会，将其智能交通事业群拆开，将打车业务升级为一个独立的业务部门，直接向CEO汇报。而在当时，智能交通事业群刚刚成立不到1年[①]。

美团的组织结构调整一方面是为了应对战略层面的变化。另外可能更重要的一方面是自上而下为组织注入紧迫感和活力，防止官僚主义和自满情绪。

高管轮岗

自古以来有句俗话叫"山高皇帝远"，说的是偌大的国家中，古代的地方官员在治理时，往往不把中央政府放在眼里——反正他们离得太远了。

为了保持控制权，两千多年前的中原王朝就已经建立了封建制度；并实行郡县制，郡守和县令都由皇帝直接任命，不得世袭。这种制度如果实施得当，就能防止腐败和地方既得利益集团对国家的过度控制。

---

① 在本书英文原版2022年出版之后，美团又进行了几次比较大的重组和管理层调整。

许多互联网公司也采用了同样的方式。很多人推崇华为和平安这两家公司的组织制度，他们的高管轮岗制非常有名。

华为的"轮岗制"分为业务型轮岗和岗位型轮岗。业务型轮岗是让研发人员轮岗到产品相关的业务岗位上，比如设计、生产、服务、测试等。而岗位型轮岗则是指中高层干部的岗位变动。这些轮岗每三年必须进行一次。

华为的轮岗制有几个潜在优势。首先，它减少了组织间的协调问题。轮岗制度有助于管理人员熟悉其他部门，促进跨部门合作。当管理人员晋升到更高级的职位时，他们已经熟悉自己负责过的其他部门，更容易应对更高层次的挑战。

其次，它减少了组织中利益集团的形成。如果管理人员在一个岗位上呆的时间足够长，就很可能会像封建时代一样暗中滋生腐败，轮岗制减少了发生这种情况的可能性。

第三，轮岗制也为一些在现有岗位上进展不顺利的员工提供了尝试其他工作的机会。

此外，华为还要求员工在不同国家轮岗。许多从国内单位调到海外单位的高管都面临陌生而新奇的环境，对他们而言是挑战，也是一个很好的学习机会。

我们认为，轮岗制度的前提是，企业对自己的企业文化和产品非常有信心。为什么这么说呢？

因为轮岗制的成本极高。我们不能对员工抱有太多期待，要求他们迅速适应新环境。因为如果他不适应，公司就要为这个错误的决定付出代价，中国有句古话：一着不慎满盘皆输。

对大多数人来说，被迫轮岗肯定不是什么舒服的经历。然而，除了上述目标之外，轮换的另一个好处是，经历相同的高管之间会建立战友关系。我们看到管理人员常常抱怨轮岗的不适应，但最终他们会为自己工作过的组织感到非常自豪。

很多互联网公司的轮岗制，虽然没有像华为这样极致，但是也鼓励管理人员在不同岗位上轮换。很多时候，轮岗的最大好处就是能快速升职。

总之，通过轮岗制度，这些公司建立了一个高管人才库，这些高管在不同层级和不同部门的决策权方面拥有丰富的经验,能够获取全局信息,并了解组织内的资源分配方式。

制造内部竞争

资源允许时,许多中国互联网公司都有意地制造内部竞争——也就是大家可能比较熟知的"赛马"机制。主要是为了避免战略上出错,代价太高,比如阿里巴巴有3个电商团队(一淘、淘宝和天猫商城),腾讯有3个团队在同时开发类似微信的软件。

另一个重要原因是让内部竞争刺激组织,尤其是成功的组织要让员工时刻有危机感。内部竞争有助于推动组织走出其已经在市场上领先的业务范围,走出舒适区。

腾讯的内部竞争不仅限于微信。事实上,很多团队在抢公司的数十亿游戏用户。全球范围内,在多人在线竞技游戏领域,腾讯自己的王者荣耀也在和Krafton的《绝地求生》及Garena的《Free Fire》竞争,而这两家游戏公司的最大股东都是腾讯。字节跳动也在做类似的事情。

马化腾灰度机制和腾讯的内部竞争

腾讯创始人马化腾提出了著名的灰度机制:产品不是一开始就被非黑即白地定义的,而是在一个灰色地带,在这个范围里,让用户来决定产品的命运。

基于这一理念,马化腾提出了以下几点:容忍失败,允许适度浪费,鼓励内部竞争、内部试错。

> 正如"领导力"一章里我们说过，微信从3个独立团队的竞争中脱颖而出，就是通过"灰度机制"实现的。在产品开发过程中，公司没有提供明确的设计思路或开发方向，而是让3个团队各自工作，由用户来评判最终哪个产品胜出。

开发内部协同工具

另一个中国大型互联网公司共有的特点是采用自己开发的内部即时通讯和协同工具。比如阿里巴巴开发了钉钉，腾讯有企业微信，字节跳动有飞书。

在上述这些例子中，协同工具不仅在内部使用，也对外销售给小型创业/科技公司和传统行业进行数字化转型的公司。

有人猜测说，这些大公司搞自己的通信工具是因为互相之间有竞争，所以不放心用别人家的工具。不过，我们认为更多是因为这些组织在不断发展和"拥抱变化"，因此从外部很难找到能完美满足不断发展的特定需求的工具。

企业协同工具的发展也反映了其母公司的文化、组织特点和工作流程设计。比如钉钉允许经理们不间断呼叫下属，这让管理者很喜欢却让很多员工非常恼火但又无可奈何。

相比之下，字节跳动的飞书更像个"应用工厂"，将企业通讯和OKR追踪都嵌到系统里。飞书的销售不仅推销这个软件工具，还推销字节跳动高效的协作工作方式。

与美国流行的Slack、Google套件或微软的Teams相比，钉钉和飞书的功能要全面得多：它们不仅能发消息、写文档、画表格、记日历，还能视频会议、任务管理、自动化HR流程、培训等。换句话说，它们试图全方位覆盖现代员工的工作需求以系统性地提升效率。

对于中国企业高管来说，最普遍的工具可能就是企业微信，原因很简单，因为企微和高管们（和所有人）日常使用的普通版微信非常像。

小型的敏捷团队和中台

中国互联网公司有自己的发展过程。虽然重大决策往往集中在总部，但一些多产品线、多业务的大型中国公司也尝试在产品层面/团队层面下放一些决策权。

有些企业尤其明显，比如腾讯旗下的游戏公司。被腾讯收购的游戏公司Supercell 开发了很多热门游戏，包括《部落冲突》（Clash of Clans）和《大逃杀》（Clash Royale）。有人问他们中国区 CEO 成功的秘诀，他回答说："我们开发游戏的关键是团队小而且独立"。

事实上，Supercell 的团队一直都在 10 个人左右，跟亚马逊创始人贝索斯所期望的差不多（贝索斯早期协同团队规模的标准就是两个披萨就能喂饱，意即十个人以内）。每个团队都可以自由决定开发什么样的游戏，以及是否最终发布。

这是腾讯游戏业务的一个完美例子。事实上，腾讯的游戏研发团队大多规模小，以项目为主。每个小团队是一个完整闭环，包含了开发一款游戏所需的所有职能，包括策划、美工、代码开发等。这类小团队最大限度地减少了日常跨部门协调的需要。

腾讯："每个人都是产品经理"

一段时间，腾讯的合作伙伴和客户与腾讯开始对接时被弄得一头雾水，因为腾讯好像每个人的名片上都挂着"产品经理"的名字。

新加坡一家与腾讯有业务合作的国有企业高管抱怨说，腾讯安排正

> 式会议时不守规矩："腾讯跟我们项目主管约会的时候，派一个产品经理过来；跟我们 CEO 约会，也派个产品经理过来。"
>
> 但是这恰恰反映了腾讯当时的组织架构。他们的团队麻雀虽小，五脏俱全，是按照产品线组织起来的——当然，领导这种团队的人就是产品经理。
>
> 腾讯已经意识到了这个问题，最近其对外的高管也开始使用"副总裁"、"总监"这种更传统好懂的头衔[1]。

此外，如果团队成员手头的项目不再相关，或者另一个更有前途的项目需要更多资源，他们就会重新组队。

这种安排避免了有前途的员工被困在组织的死胡同里。但是，如果执行不好也可能会出现问题，因为一些重要但不那么赚钱的项目可能就会缺人手[2]。

为了保证这样的小团队，尤其是前端产品线，能够更好地运作，近年来，一些大型互联网公司试图建立强大的中台。

中台制由阿里巴巴牵头，其他公司也在纷纷尝试，实际上借鉴了现代军事的概念。举个例子，第二次世界大战期间，美军以师和旅为主要作战模式。但在最近的中东冲突中，美军改变了他们的作战模式。前线 7 到 11 名士兵一个小队。为什么能这样？因为他们有强大高效的中央系统，随时提供空军、导弹等各种掩护和情报，因此，小规模部队的指挥官能够根据战场实时情况灵活决策，让结果最好、损失最小。

同样，成立企业中台也是为了向一线产品团队提供数据、技术和其他资源，让他们能够对市场做出快速反应，灵活行动。

与传统的层层管理相比，建立中台理论上可以更好地协调和支持公司内部的各个部门。因此，大中台加前台小团队的概念已经在中国互联网公司中掀起一阵

---

[1] 这里反应的是 2021 年的观察，并没有体现腾讯后来可能发生的变化和调整。

[2] 这个问题理论上可以通过更好的 KPI 设定来解决。

热潮，尽管他们可能用不同的名字。

例如，腾讯在 2018 年进行业务部门重组就是为了构建类似中台的组织，其中最突出的变化是成立了一个技术委员会，专门支持其他业务部门。

字节跳动的前台是直接面对用户的产品/App 团队，比如今日头条、豆瓣、Tiktok、西瓜视频等。每个产品都需要快速响应用户需求，追求快速创新和迭代。他们的后台包括基础设施和数据中心，首要目标是保证平台的稳定性。

字节跳动的中台由技术模块或以前项目中的一部分组成。中台为所有相关产品提供服务和支持，同时负责完成技术上重复的任务。比如今日头条中检测到的用户行为可以用来完善推荐引擎，这套技术也可以用到 Tiktok 上。中台可以在新项目启动时为项目组提供通用的技术、数据、算法和其他解决方案，以加快开发进程并降低成本。

不过，值得注意的是，中台到目前为止并不总是成功的，而且饱受争议。在军事领域，就算地面情况瞬息万变，但还是可以对情景标准化建模，找到对应的措施；但在互联网领域，对未来情景的规划更加复杂且未知，所以建立中台就更难。另外，中台技术一般由"听不到炮声"的人统一规划发布，所以如何确保中台强大的同时能够适应不同的产品线和市场是一个比较严峻的挑战。

组织在海外的挑战

还记得本书一开头我们说到过马云的话，eBay 和亚马逊是鲨鱼，在中国很难和长江里的鳄鱼竞争。

许多西方互联网公司在中国失败并不是因为没有能力或者资源，而是因为他们的组织结构不能快速适应和进行整合资源，不适应快速变化的市场环境及国内企业的激烈竞争。

中国互联网企业在进入国际市场时，当然也会遇到同样的问题。中国更复杂、更先进的组织在其他市场也并不一定能灵活应变、快速适应——即使有足够的资金、人和资源，也会被组织包袱拖累。

Lazada 和 Shopee

让我们继续用说了很多次的东南亚电商平台 Lazada 和 Shopee 举个例子。

Lazada 是阿里巴巴 2016 年收购的东南亚电商平台，也是阿里巴巴全球化征程的关键一步。为了确保 Lazada 的成功，阿里巴巴集团投入了大量资源：外派了几百名工程师进驻，重建技术栈和产品以适应未来的发展；从旗下的淘宝为东南亚提供本地市场缺少的卖家和商品；蚂蚁集团也进驻东南亚来帮助处理支付和金融科技方面的问题；阿里巴巴的智慧物流子公司菜鸟来帮助协调建立现代化、高效的履约基础设施。

比起阿里巴巴，早期获得腾讯投资的新加坡游戏公司 Garena 决定进入电商市场建立 Shopee 平台时，外界没有人相信这家 3 位中国移民创办的公司能与强大的阿里巴巴抗衡。一些朋友也因为在很早期拒绝加入 Shopee 而错失财富自由的机会。

起步时的 Shopee 在产品技术、商品种类和支付履约体验方面都比不上 Lazada，但现在在规模、市场份额和增长势头上全方位超过 Lazada。

这是怎么回事呢？组织结构层面的原因可以很好地解释。Lazada 承载了集团太大希望，又有很多不同的部门和业务单位前来支持，导致组织结构变得过于复杂了[①]。

比如支付一开始由蚂蚁集团负责，那如果出了问题或者蚂蚁和 Lazada 有不同

[①] 一位前任 Lazada 本地高管曾经告诉过我们，Lazada 是他 20 年职业生涯中服务过的最复杂的组织。内部的管理者需要有非常高的组织协调能力才能胜任。

意见时最终谁来做关键决定？如果实施效果没有达到预期，谁来负责？工作层面人员向不同的老板汇报，他们的 KPI 怎么协调？

此外，在决策和资源规划方面，新加坡和杭州的管理人员都参与进来，他们怎么正确认识比如说马来西亚和越南不断变化的竞争环境并快速反应呢？他们能相信马来西亚和越南的本地团队会做最好的决定吗？

而当 Lazada 引入中台时，中国背景的技术负责人又怎么全面考虑东南亚地区所有潜在的产品问题和场景？

相比之下，Shopee 的成功并不魔幻。他们有愿景，有计划，并坚持不懈地执行。更重要的是，Shopee 在新加坡有一个中央指挥部运作良好，自上而下进行关键决策和资源分配；领导人会花大量时间亲自到印度尼西亚、巴西等关键市场访问学习，并且能够迅速做出决策和调整资源[①]。

结果，Lazada 在人力和资源几乎全方位占优势的情况下，把东南亚市场领导地位逐渐让给了 Shopee。一位 Lazada 前高管告诉我们，他最纠结的就是由于很多人都参与决策，战略经常在"我们要做长期正确的事"和"我们的 GMV 为什么还没有超过 Shopee"之间摇摆。

Shopee 很特别，因为他的创始人是中国移民，他们了解中国电商模式，知道阿里巴巴的优缺点。平心而论，如果东南亚没有 Shopee 出来竞争，Lazada 本来可能会以自己舒服的速度发展市场，并在过程中解决自身的问题。但是，在一个有规模的市场期待没有竞争也是不切实际的[②]。

---

① 需要指出的是，Shopee 在 21 世纪第二个十年后期在东南亚的拓展中培养了一批和集团核心有高度默契的本地管理层。在新冠疫情中 Shopee 往拉丁美洲、欧洲和印度拓展的时候，并不能很快找到和磨合本地的管理层，因此他们在很多国家采取了从东南亚派遣有经验的管理者去开拓。这出现了和很多其他公司出海时一样的问题——希望快速出成绩而激进，却对市场没有足够的了解和恒心。

② 2023 年，Shopee 开始面临字节跳动旗下的 TikTok Shop（抖音电商海外版）的激烈竞争。如何有效阻击一个比自己不仅资金更丰厚、而且更灵活、效率更高的竞争对手，对 Shopee 来说是一个新的挑战。

海外的组织适应性

Lazada 与 Shopee 的竞争给中国的互联网领导者们提了个醒：在中国国内市场长期进化并行之有效的组织要素是适者生存的自然法则结果。然而，当你把现有的组织结构复制到海外市场，你很可能会遇到挑战，要么因为市场成功要素的组合可能不一致，要么因为组织本身缺乏某个关键要素而失败。

总体而言，与进入一个中国国内的新省份或建立一条新业务线相比，进军海外市场更加困难复杂。负责海外市场的团队需要思考怎么在一个文化、环境和用户背景都完全陌生的市场成功。任何产品战略都需要组织结构赋能。任务分工与整合这一基本问题在不同的文化背景下，变得更加复杂和困难。

让我们回到本章前半部分讨论过的组织的 3 个基本问题。

决策权

中国互联网企业应该能理解，海外业务需要海外团队来运作，才能及时做出判断和决策。授权给当地团队，或者说下放决策权的理念在中国历史上早有先例。

在解放战争期间，毛泽东 3 次授意粟裕将军，不必向总部请示，可以直接行动。后来，粟裕指挥的部队在一系列经典战役中捷报频传。

而中国古代兵书《孙子兵法》中早有"将在外，君命有所不受"的说法，意思是前线将领不必向总部报告，可以自己做决定。

毕竟，总部能获得的关于当地市场信息的广度和深度都比不上当地团队——更重要的是，总部很难有对本地信息的感知，从数据中找到真实问题并做出正确决策。如果当地团队在决策时很大程度上没有自主权，他们就不能快速应对当地市场，就会失败。

然而，难点在于细节。下放权利时，在分权结构中，地方团队的业务和运作范围是什么？地方团队可以拥有哪些决策的"真正"权利？

这里的一个关键问题是，海外团队是否应该控制技术和产品。我们将在第7章"产品"中讨论一个案例——微信早年在印度的推广。这个案例清楚地解释了产品设计如果不适应当地市场，即使本地团队知道情况，他们也得花很大力气与中国的技术和产品团队沟通。问题是，为什么中国的产品团队要优先考虑一个目前很小但是可能很有潜力的市场的需求，而不是考虑市场规模更大的国内团队的马上可以出成绩的要求？

在这方面，TikTok 和总部在香港的即时物流平台货拉拉做得更好。这两家公司很早就把国际产品线与中国产品线分开，分开独立的应用程序、数据库，和相对独立的团队。这使本地团队更容易对国际市场做出灵活反应。

货拉拉和职业牌手创始人

总部位于香港的货拉拉是一个按需物流平台，提供企业货运平台对接零散的货车运力，解决了小商家和分销商的快速运送小批量货物的关键问题。

货拉拉创始人周胜馥的人生很传奇。他毕业于斯坦福大学，在澳门当了近 8 年的职业扑克牌手，赚到了人生的第一桶金。在香港发现了类似 Uber 的商机后，他创办了公司 EasyVan，后更名为 Lalamove（中文名货拉拉）。

也许是出于牌手的本能，周胜馥不像许多竞争对手冲动烧钱拉客户。相反，货拉拉坚定执行了一套很简单的策略：让更多货车贴上他们的广告贴纸。这套策略很快让货拉拉的广告布满了大街小巷，建立了用户心智，成为按需货运供应商首选。竞争对手也尝试过这样的策略，但是在执行上远没有货拉拉做得坚决和彻底。

需要指出的是，这和 Shopee 早期的包邮策略有异曲同工之处。当 Shopee 的竞争对手因为担心烧钱过多给包邮设定了各种需要用户仔细理解的限定条件时，Shopee 的包邮简单粗暴并且一直贯彻下去，直到 Shopee 的体量足以和市场的先行者抗衡。

而回到货拉拉，国际应用 Lalamove 与中国应用货拉拉在发展早期就被分开，为 Lalamove 在海外市场的顺利扩张做出了贡献。

信息沟通

我们的访谈中发现海外团队与总部的沟通普遍存在问题。一个原因就是总部（不止是阿里巴巴）其实一直在"拥抱变化"。

与西方同行相比，正如我们前面所讨论的，中国企业往往不断进行重组。毫无疑问，每一次组织结构的调整都意味着一次动荡，这使得海外团队很难跟上总部的优先级和架构的变化，并有效沟通和协作。

事实上，我们访谈过的一些亲历者指出，总部的组织结构不断变化，让他们找不到总部对接的人及时沟通情况，更不用说请求资源了。

此外，沟通问题不仅出现在自下而上的过程中，也出现在自上而下的过程中：当总部转换战略方向时，同样的信息无法及时传达给海外市场的经理们，这也有很大问题。

百度在巴西的 O2O（外卖和其他本地生活服务）计划就是一个例子。当战略确定并传达给当地团队后，团队就开始着手开展工作，与合作伙伴签约，向市场发出各种信息，为大干一场做准备。

然而，由于国内环境的变化，总部决定转移工作重点。在没有事先通知的情况下，海外团队的所有努力不仅白费还适得其反：与当地合作伙伴的承诺全部无法兑现，损害了之前建立起来的信任关系。

这是一个两败俱伤的局面。当地团队夹在当中，与当地商业伙伴关系变得尴尬（甚至被人当成骗子）；公司声誉受到损失。

我们还看到，当蚂蚁集团 IPO 被搁置时，与蚂蚁国际有业务的很多国家的相关监管机构都在召集蚂蚁当地的经理以弄清情况，以及他们对当地市场的承诺是否仍然有效。大多数国家的经理都无法回答，因为在中国发生的一切都很突然，而且当时正是疫情期间，他们也没有准确的信息来做出任何承诺。

即使一切正常，沟通也可能是一件麻烦事。正如我们前面提到的，新兴市场的信息往往不完整、不可靠或者根本不存在（比如说，我们曾在东南亚某 1 亿人口的大国政府统计部门的官方数据上看到他们国家机动车辆总注册数只有 40 万——显然不符合实际）。就算情报非常详细，如果对市场没有明确的感知（很可能是体感）往往也很难确定该相信或有效使用。如果必须由总部做决定，往往结果不理想；而很多时候本地团队做决定又没法协调好还需要的总部资源。

或者，由总部和地方联合做决定？Shopee 在扩张期采取的就是这样的策略，快速沟通、快速决策。这是建立在总部的领导人对市场有足够的体感和与市场上的本地管理层有足够信任的基础上的。

资源分配[①]

如果相匹配的资源去执行关于海外市场的决策，决策就只是一纸空文。但很多时候，调动资源并不像组织结构图的层次一样那么简单。

---

① 2022 年起出现了一个比较极端的案例——拼多多在推进海外站 Temu 的过程中，调用了整个集团一半的员工和 70%左右的管理层。所以核心高管把工作中心放到了海外市场，虽然这个过程中有很多问题和挑战，但是有这么多的精力和资源投入，自然决策和解决问题的效率提高很多。

任何组织都存在内部资源竞争，而中国互联网企业的海外部门则面临着两个额外的挑战。首先，中国国内市场太大，初期的海外市场相比国内市场过于琐碎，所以如果以同样的标准来争取资源的话，海外市场肯定是比不过国内的一条业务线的。即使有领导者的承诺，有时海外经理也要付出更大的努力才能获得所需的资源。

我们采访过的一位高管说，尽管他们在泰国市场的销售额增长了 200%，但它在集团总销售额中所占的比例还不到 1%，比国内所有的业务线都要小。他们根本无法得到提供资源的对应部门的足够重视。

其次，关系（和信任）在中国商业文化中根深蒂固。在中国企业中，沟通好对于资源给谁至关重要；更重要的是，沟通好的人还能提供真实信息。如果人际关系处理不好，或者与高层领导的关系和信任程度不够紧密，那么你寻求资源和支持的时候就会有障碍，你甚至不知道总部的决策是如何做出的，以及谁影响了最终决策。

Shopee 不存在这个问题，而阿里巴巴在总部的资源配置大大减缓了 Lazada 的决策速度。当 Shopee 开始在欧洲和拉丁美洲开展全球业务时，如何防止出现同样的情况是非常值得关注的问题①。

打破沉默，打破障碍

从根本上说，我们之前讨论的组织层面的挑战可以归结为，当决策权下放到海外市场不同部门的管理人员时，高层要如何整合。

---

① Shopee 在欧洲和拉丁美洲的业务其实也是遇到了组织和管理上的问题。但是里面核心管理层的精力、组织和人的问题的比重可能和阿里巴巴和京东的东南亚业务不太一样。

一些公司尝试了不同的方法来应对海外市场的组织挑战：腾讯曾经有一个国际事业部（IBG）来协调海外各国市场的业务；华为曾经在一些海外市场采用双领导制度：一名来自总部的中国外派人员了解华为的文化、产品和组织，另一名则来自当地市场，了解当地文化、市场和重要的关系。

这些往往并不理想也不充分，但却是学习过程的一部分。组织需要不断发展，以适应跨国企业的现实。

最终，可能走出去的中国大型互联网公司将变得成熟，变得更像跨国公司，增长速度会更适应当地市场的自然情况而不是这些公司在国内过去这么多年习惯的速度。在引导企业全球化进程走向成熟的过程中，领导者需要敏锐地意识到其中可能出现的组织问题。

给领导层的问题

在本章的最后，我们想给开拓海外市场的领导层提出以下问题供参考和反思。

- 市场的关键决策怎么做？谁有权提出意见，谁有最终决定权？
- 在组织扩张时，是否拥有正确的信息和沟通流程？如果没有，瓶颈是什么？
- 你们打算如何为拓展市场分配资源，尤其是供应链、产品和技术等与国内主营业务的共享资源？
- 当你的组织在国内市场发生变化和重组时，怎么让这些变化和重组赋能而不是阻碍海外市场的业务？
- 在海外不同的市场开展业务，如何确保组织的灵活性和竞争力？
- 怎么准备组织在全球扩张受到阻力时的备选方案？
- 阻碍组织成功扩张的主要障碍有哪些？如何清除或是克服它们？

第 7 章

产　　品

"在互联网行业，每个人都要像产品经理一样思考"

——匿名中国互联网参与者

外卷：中国互联网巨头的全球征途
Seeing the Unseen Behind Chinese Tech Giants' Global Venturing

目前，我们已经讨论了领导力、人和组织，这些都是中国互联网公司必需的核心竞争力，帮助他们在发展业务的同时抵御外界激烈的竞争。

最终，这些能力都会被转化到产品身上销售给顾客或者被消费者所使用。产品是我们 POP-Leadership 框架拼图的最后一块。有趣的是，产品是中国互联网公司在出海过程中最有信心的部分，原因很简单：

许多中国互联网产品经历过严峻考验：截至 2021 年 1 月，腾讯旗下的热门社交应用软件微信拥有 10.9 亿日活跃用户；同年美团外卖和其他业务的交易用户数达到 6.3 亿；抖音的使用人数超过 6 亿；支付宝全球用户超过 10 亿且有 8 000 万注册商户[①]。

精明的中国消费者也迫使这些产品不断发展。即使是一些较小型的互联网产品，通过在细分领域的竞争也能发展成具有全球竞争力的规模企业。

我们在此描述的产品不仅包括有形的产品，还包括无形的服务和商业模式。

---

① 这些数字后来都出现了增长，只是对于每个业务来说已经接近了市场饱和的上限，增长速度远没有之前那么快。

它是企业与用户互动，为用户提供价值并同时从服务客户中获取价值的核心载体。此外，还需要围绕产品做出一系列决策，比如"做什么""什么时候""在哪里""怎么做"。

比方说你负责一家中国互联网公司的海外发展，你会沿用中国区现有产品和有效的商业模式，还是强调本土化来迎合不同市场的需求？

你选择从哪里开始扩张？发达国家还是新兴市场？如果你的目标是新兴市场，你选择东南亚、中东、非洲还是拉丁美洲？如果在东南亚，你又是选择印度尼西亚、新加坡或越南，还是其中几个同时进行？

与此相关的是，什么是进入市场的最佳时机？是逐个、还是同时进入所有市场？每一个市场又如何进入？在资源允许的情况下，是与当地企业合作，是收购还是在目的地市场从头开始建立业务？你准备怎么实现你的目标？

海外扩张的一大问题是，中国企业如何将现有的经验和先进技术融入进新市场。在本章中，我们将探讨其中的一些关键问题。

首先，让我们来聊一聊海外业内很多朋友都好奇的问题：为什么中国的消费App都是覆盖多垂类的超级App？

为什么中国App都是超级App？

当东南亚的Grab、印度尼西亚的Gojek、印度的Paytm等发展中国家新兴的大型消费互联网企业开始把自己打造成"超级应用"时，他们都在参考中国学习经验。

他们解释过，中国的消费互联网公司首先采用并完善了开发超级应用程序的方法：微信不仅能发消息，还有游戏、内容分享、支付和金融服务；蚂蚁金服的支付宝除了可以支付，还有各种金融和其他服务；美团不仅可以叫外卖，还提供共享充电宝、共享单车、机票酒店预定等。

即使是办公软件，钉钉、企业微信和上一章说过的字节跳动的飞书，与西方同类产品相比，在功能上也要全面得多。

然而，如果你再仔细观察一下就会发现，这些中国互联网巨头都没有使用"超级应用"或类似的词来形容自己。对他们来说发展到今天好像是自然而然的事：开发应用程序，给消费者提供越来越多样化的服务，并在后端集成，最终成为今天的样子。

为什么呢？为什么微信不像 Facebook 坚持只做社交媒体和内容分享？为什么阿里巴巴不像亚马逊专注电商？为什么每个人都想抢别人的饭？

事实上，这里面有两个互相关联的原因。

首先，一个科技企业领导跟我们分享过："中国每一家成功的消费互联网公司，核心都是流量。"这个意思是企业成功的初期是用更低的成本获得客户和留存客户。底层逻辑是获客成本（CAC）必须低于客户终身价值（LTV）。为了留住客户并且提升 LTV，许多大型互联网公司提供额外的服务。

但是功能是不能随意添加的，应用程序中的每一项新服务都要和现有的服务密切相关，这样消费者才能自然而然地使用新服务，提高转化率。

第二个因素是中国特有的。在互联网发展初期，百度、阿里巴巴和腾讯为了留住各自的客户，禁止跨平台共享链接：就是说你不能在微信上分享淘宝的商品链接，也不能在淘宝上用微信支付。

这个策略最初是为了避免用户流失到其他平台，但其中一个结果就是市场上被隔出了几个独立的生态系统。微信开始将用户推向拼多多和京东商城等腾讯投资的电商，支付宝想方设法地给自己增加社交属性。腾讯和阿里巴巴都投资了各个消费科技领域的公司，相互竞争。

与此同时，一些规模较小但正在迅速成长的互联网公司也开始建立自己的完整生态，它们不想过于依赖巨头而被吞噬。

因此，"超级应用"事实上还是层出不穷。2021 年底，监管部门开始努力打破隔阂，实现不同生态的应用程序互联互通。我们将继续观察这是否会让生态系统更加开放，让企业更加专注于发展自己的细分专业，而不是多垂类发展[①]。

小步快跑，快速迭代

所有这些覆盖多垂类的中国超级 App 都是从最初的核心功能开始，先定义产品，然后再扩展到其他功能。

没错，从客户角度来看，支付宝 App 就是一个产品。支付、信用分、借贷、理财都是这个产品的功能。但是这种看法与大型传统公司的规划方式截然不同——在大公司看来，每一个功能都是一个产品。

将一切都定义为功能无意中避免了孤岛的形成，也能够实现集中管理和变现客户数据。

国际上普遍建议科技初创企业先开发一个最小可用品（MVP）来测试市场，然后再逐步增加功能。中国的大型互联网公司也遵循同样的原则。腾讯的马化腾说："市场从来不是一个耐心的等待者。在市场竞争中，一个好的产品往往是从不完美开始的"。

不过，他补充说，一旦产品开始投放，就要积极改进，让他逐步完善完美。"如果我们每天都能解决一两个问题，那么在一年之内，我们就可以给客户提供非常好的产品了。"

马云也提倡"Dream big, start small, learn fast"（原文是英文，可以翻译成"梦想要大，起步要小，学习要快"），而其他互联网领袖也同样强调起步低迭代快的

---

① 事实上，目前为止，并没有。

逻辑。

因此，新产品退出市场需要碰运气，那些经得起市场考验的产品会不断改进，最终取得成功。其他产品可能很快就会被淘汰。

我们在第 4 章"领导力"中讨论过，领导层可以用深层次的战略思维给公司提供大局上方向性的指导；然而，偶尔这也会阻碍产品迭代。马云特别指出要避免这种情况："晚上想想千条路，早上醒来走原路。"

时机对于产品也很重要。虽然各大互联网公司都在激烈竞争抢占自己的市场份额，但许多人都认为，先行者并不一定就有优势。

马化腾曾说过："企业千万不要以为，先进入市场就可以高枕无忧。我相信，在互联网时代，谁也不比谁傻 5 秒钟。你的对手会很快醒过来，很快赶上来。他们甚至会比你做得更好，你的安全边界随时有可能被他们突破。"

产品出海：什么时候？去哪里？

上一节的内容是说中国科技企业向海外扩张时的大方针，落到实际，我们首先要回答的问题是去哪里，什么时候去。

地点

中国科技企业能够在很短的时间内就取得大规模成功，部分原因在于中国人口众多，语言统一，消费能力充足，而且互联网普及率高。

当企业走向海外时自然而然会再找相似背景的市场，所以印度和印度尼西亚这两个离中国近，人口也多（印度 14 亿人口[1]，印度尼西亚 2.7 亿人口）的亚洲市场成为了主要目标。

前面说过，百度的海外第一站是日本，而后是巴西和其他几个大型的市场；滴滴出行选择巴西和墨西哥作为出海第一步；尼日利亚、巴基斯坦和孟加拉国也成为各大企业海外第一站的目标。

一位高管说到他们当时决定出海目标国家时说："我们需要去有消费者在的地方"。世界人口密度图于是变成了一个参考标准。

蚂蚁集团以人口为方针，在拓展市场时对亚洲情有独钟。他们在亚太地区每一个主要市场都投资和合资了当地的电子钱包，包括印度（Paytm）、泰国（TrueMoney）、菲律宾（Gcash）、韩国（Kakaopay）、印度尼西亚（DANA）、马来西亚（Touch'n Go）、巴基斯坦（EasyPaisa）和孟加拉国（bKash）等。

尽管东南亚各个国家语言、风俗、地理环境各不相同，但这个地区却成为了中国科技企业海外创业的温床。原因很简单。

- 市场潜力巨大：总人口达到 6.5 亿[2]，年龄中位数低，基础设施正在快速改进，群众消费意愿强；
- 地理靠近：时区相同/相近，空运/海运距离短；
- 历史和文化接近：中国与东南亚之间的贸易有上千年历史，东南亚大多数国家都有庞大的华商群体；
- 东南亚的区域中心新加坡是一个华人占多数的国家，许多中国公司都在这里设全球总部。

我们还注意到，大大小小的中国企业走出国门时都喜欢扎堆。这种做法在历史上也是：广东人喜欢去美国加州、秘鲁和马来西亚首都吉隆坡；福建人去新加坡、印度尼西亚和菲律宾；潮州人去越南和泰国；客家人去印度、毛里求斯和婆罗洲。

---

[1] 印度现在已经超过中国，成为世界第一人口大国。
[2] 现在东南亚十一国人口已经达到七亿。

在海外发展业务的中国公司经常没有可靠的本地信息源，当地的华人商会、华人社区可以帮助中国公司信息流通，也有利于中国公司配套基础设施的建设和提升。比如游戏公司扎堆巴西是因为有一批服务商给 Garena 的 Freefire 解决了支付、获客和运营的问题；而在印度尼西亚雅加达西部的 Taman Anggrek 住宅区（就是著名的"兰花园"），汇集了从法律、财务到信用评估和债务催收等一系列金融科技公司相关的服务。

然而，扎堆也加剧了中国公司之间的竞争。执御和面向中东地区的跨境电商就是一个很好的例子。执御是第一家"发现"沙特阿拉伯市场并大规模投入的中国电商公司；2016—2017 年，执御向沙特提供了大量时尚产品，大获成功。但是他们的成功被国内的电商群体"发现"后，立马有许多其他中国跨境电商平台和独立站纷纷加入了这一行列。中东跨境电商的蓝海很快就变成红海。

时机

每一位中国企业领导者都知道时机很重要，21 世纪第二个十年初，移动互联网大普及成就了一批成功企业家。他们也很清楚，像之前说到马化腾的话，在市场上抢占先机并不意味着可以高枕无忧。

在某些情况下，先发优势确实存在。建立客户心智和品牌认知以后，新来的玩家就需要费更大的力气才能挑战和打败竞争对手。

百度在进军日本市场时就遇到了这种情况：虽然百度搜索引擎在日本的产品确实很不错，但谷歌已经在市场里站稳了脚跟。用同样的方法很难打败现有的竞争对手。

同样，当微信在泰国市场输给 Line 后，已经几乎不可能再有机会去搬动 Line。因为用户已经在 Line 上形成了自己的社交网，除非 Line 自己犯了大的错误，或者新一代的消费者出现完全不同的社交习惯，否则很难颠覆。

但是，先行者优势只有在先行者占领了市场份额，并在其周围建立强大的护城河时才能发挥作用。我们认为，最好的护城河首先是一个稳定的市场，在这个市场里后起之秀很难找到机会攻击现有玩家。不然的话，先行者并不一定能保证自己的优势。

我们在第 6 章"组织"中已经详细讲过 Lazada 和 Shopee 的故事，很好地说明了这一点。

Lazada 拥有先行者优势的所有经典要素。作为第一家在东南亚六国都占头部地位的大型电商公司，他们被阿里巴巴收购时有当地最大的物流网络，以及在品牌中建立的知名度。

对于当时期待在东南亚市场大有作为的阿里巴巴，收购 Lazada 是他们最好的选择。也因为阿里巴巴有强大的产品、技术、运营能力和扎实的电商专业经验，东南亚电商的竞争格局似乎已定。

但是在新市场或新行业里不一样，先行者风险更大。因为市场不成熟、不清晰，你的产品不一定适合市场。更糟糕的是市场没有基础设施，用户也没有得到很好的教育。

在这种情况下，先行者必须投入大量时间和资金进行基础准备工作——建立起基础设施和教育客户。对 Lazada 来说，包括自建物流 Lazada Express，因为当时没有其他高效率、低成本的电商物流选择，Lazada 还花费了大量时间和精力教商家如何使用电商平台。

所以当时可能看起来 Lazada 占据了市场 70%的电商份额，但是这个位置是守不住的。因为现有的存量市场太小，而更大的机会在于未来的增长。

在这种情况下，Shopee 出现了，给已经会用电商的商家们提供了新的选择；而且他们在产品和运营上更加灵活—— Lazada 还要费力气改变现有的产品。Lazada 维护基础设施的任务繁多，还需要和阿里的支付、物流和跨境等部门深度合作，有时因此被拖后腿；Shopee 则没有这些包袱。

Shopee 的逆袭并不是单一案例：Facebook 不是第一个社交媒体平台，在 2009

年还有 Myspace；Google 也不是第一个搜索引擎，在他之前还有雅虎和 AltaVista 等很多搜索引擎。

最终的赢家经常把教育市场的苦活让给别人去做，而自己能够在合适的时机切入市场大开杀戒。正如我们在本书前引用的段永平的名言："敢为天下后"。

事实上，海外经常流传的"先行者优势"把驾驭新市场说的太过简单了。我们认为，你可以教育市场，推动不稳定的时期快速过去，但是在这之后你要有能力继续扩大规模巩固自己的领先地位，才可以成为市场的先行者。

否则，就应该向 Shopee 学习，准备好必需的资源，等到先行者精疲力竭，但市场又尚未完全被占领时，大势推出自己的产品。

Shopee 用过很多次这一招，而且不只在电商领域。2019 年下半年，支付的竞争对手 OVO、Dana 和 GoPay 为了教育市场搞得筋疲力尽之后，ShopeePay 才开始加速发展[①]；近期，它们在巴西、墨西哥等拉美地区迅速发展也是追着阿里速卖通的脚步[②]。

Shopee 是中国公司吗？

在东南亚经常有人问一个问题：Shopee 或者冬海集团是一家中国公司还是一家新加坡/东南亚公司？

一方面，公司创始人李小冬、叶刚和陈静业都来自中国，后来移民新加坡；公司很多高层都是中国科技大厂挖来的资深员工；最大股东是腾讯。

[①] Shopee Pay 的推广在时机上是选对了，在产品、技术和运营上则没有。因此之后集团把 Shopee Pay 的推广缩回到了自由的电商场景上——这也是资本市场信心变差后的必然选择。

[②] 在电商业务上，Shopee 在东南亚以外区域的推广因自身的缺陷遇到了很多的困难，最后在资本市场变差后不得不选择退出除巴西以外的所有新市场。而从 2022 年下半年开始，拼多多和抖音电商海外版的突飞猛进则代表了不同代际、不同运营效率的玩家的全球化进程。

另一方面，冬海集团起步于东南亚，一直非常贴近当地市场。它的战略制定和执行表现出强烈的中国互联网公司特征，但同时也显示出对东南亚地区的深刻洞察。

中国大厂派来负责东南亚的高管往往喜欢大部分时间呆在新加坡（或者在中国总部汇报/争取资源），而冬海集团的人不一样，他们经常跑印度尼西亚、泰国和越南实地考察。公司对中国的了解让领导层更好地看到市场潜力在哪里（在中国被验证过）；同时，生长在东南亚让冬海集团的人比中国来的同行运行得更好。

有个朋友从一家上海的互联网公司跳槽到了冬海集团，他说："我们觉得这里的工作节奏很慢；但是很多本地同事跟我们说，这里的工作节奏已经比其他本地科技公司快得多了，他们感觉不太适应。"

如果先进入市场不能保证优势，那么问题来了，什么时候才合适？

和各主要公司出海的当事人聊过以后我们认为，当基础设施和客户心智教育都准备就绪但市场规模尚未起飞时，有这么一个最佳窗口期（见图7.1）。

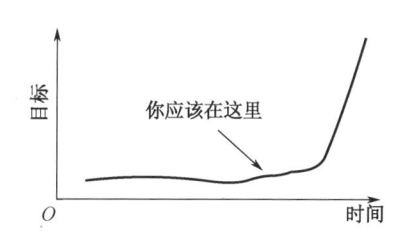

图 7.1 最近入场时间点

这个窗口期往往是**市场消费者结构发生巨大变化**时。这种变化包括出现新一代消费者或新的渠道——比方说上千万人突然开始用智能手机访问互联网。

当竞争对手战略性转移重点时，它也可能打开新市场。比如阿里巴巴为了利润向高端化发展，拼多多就抓住机会找廉价产品吸引"低端"客户，占据空出来的市场空间。拼多多在这些市场形成一定规模后，他的成本结构就能支撑低利润的商业模式和扩大规模，而这些能力是其他企业比不了的。然后他们再向价值链的上游移动，在其他利润更高的细分市场重拳出击。

《孙子兵法》中说："善用兵者，避其锐气，击其惰归"，是个很好的总结。

为了准确抓住机会，企业和领导者需要敏锐感知市场的趋势，并且有足够的胆量和决心，这点我们在第4章"领导力"里已经说过。

此外，他们还需要在产品和组织上都做好准备，并在眼前的市场里构建一个能够支撑自己的完善生态系统；不然他们就会眼睁睁地看着机会溜走。

孟子言：天时地利人和。抓住正确的时间窗口，关键不仅在于耐心，还在于深刻理解市场和自己——在思考上没有捷径。

本土化：卖什么？

中国科技企业出海的论坛上，话题往往聚焦产品本地化。虽然我们认为"本土化"需要领导力、人员和整个组织的"理解"和"适应"，但是最终的呈现是产品在特定的市场上要能符合市场的需求，人们愿意为它买单。

这里有一个简单的问题，标准化和本土化怎么平衡：给特定市场定制的产品能有多特别？

这个博弈很好理解。全球范围内使用一样的产品标准（相同的产品品牌、设计、功能、操作）的话，可以集中研发、生产和运作，从而降低成本。而本地化是指产品的设计、品牌定位、产品功能和营销方式都针对当地市场特点——这样可以创造更适合市场的产品，也能让企业在当地更好发展。

有许多学术和非学术的机构深入研究和探讨过这个问题，并对沃尔玛、肯德基和宝洁等知名企业进行了案例研究；他们最终提出的建议通常都是要结合标准化和本地化。

科技/互联网公司面临的挑战是，它们不像传统公司可以花几年时间去**了解市场和完善产品**。现在可直接通过智能手机触达终端消费者，立马就能得到市场反馈，所以科技互联网公司也会很快得到或者丢掉市场份额。

因此，比起传统公司，互联网公司天生调整产品的节奏就要更快，他们也靠这个在国内市场占有一席之地。

然而，事实证明在国外这很困难，尤其是那些在国内已经规模很大、业绩也很好的公司。

我们不得不说，美国科技产品的本地化程度通常是比较低的，尤其不适应基础设施、支付方式和客户信任度都不一样的新兴市场。所以亚马逊的业务仍然主要集中在发达市场（除了贝索斯砸了血本的印度）；而 Facebook（后更名 Meta）只做广告，没有涉足需要供应链的电商等重型业务。

一般认为，eBay、亚马逊、雅虎、Groupon 在中国不成功主要是因为本地化工作做得不够。不过实际上，中国市场巨大，自然而然地会吸引资本和企业家，本地也会有资金雄厚的竞争对手，他们更了解市场，比起全球化的公司行动更快。想想看，如果你每月更新一次产品目录，而竞争对手每周更新一次，那么你将在一年内被远远甩开[①]。

中国公司出海，尤其去大市场时，面临的状况也一样。蚂蚁集团在东南亚的合资企业不适应他们太先进的金融技术，其中有位 CEO 和我们说他们与蚂蚁的合作总体上很愉快，"但就是他们总喜欢把一台法拉利拿到我们的泥路上跑"；百度在多次尝试和收购之后，还是不能让其产品获得日本和巴西消费者的青睐。

就蚂蚁集团而言，他们的技术、移动支付系统、云基础设施，以及与阿里巴

[①] 有几个跨国消费品牌的朋友最近告诉过我们，他们在中国的电商渠道不得不每周甚至每天都调价，因为本土的竞争对手往往会实时调价，从而保证产品的价格竞争力。而他们在海外的公司则很多时候每季才调整一次价格，线上渠道也一样。

巴生态系统各部分的整合能力值得引以为豪。

然而，从东南亚消费者和商业伙伴的角度来看，中国双十一购物节的销售战绩，他们永远无法企及，也跟他们没关系。蚂蚁集团的技术和产品虽然先进，但是太过复杂，不能满足本地市场当下的需求。

与来中国的美国公司一样，大型中国公司本地化在中国成功的产品和服务也往往很困难，因为其他市场的意见和他们之前的成功路径可能完全不同。

我们看到，不少蚂蚁的工程师们早期不理解人们为什么不喜欢扫二维码支付，就像早期 PayPal 高管不理解中国人为什么不用信用卡支付一样。

避免墨守成规需要人和组织的思想转变，而不是产品可以单独解决的问题。

有趣的是，中国的小公司或不太成功的公司往往没有这样的包袱，所以能够更快地在目标市场实现产品本地化。当然，这些公司的领导者通常也会更有时间去关注新兴市场，亲力亲为，这对产品的本地化也是很有帮助的。

传音这个在中国并不出名的智能手机品牌，却在非洲市场很成功。这家总部位于深圳的公司针对非洲消费者的痛点量身定制了智能手机，成功和其他品牌在非洲市场实现了差异化。

传音如何在非洲实现本地化

传音于 2007 年推出首款双卡槽手机，并于 2008 年推出四卡槽手机。非洲电信运营商（如 Telkom、Vodacom、Orange）之间竞争激烈，用户给其他运营商网络内的手机号打电话很贵；为了享受便宜的网内费用和促销活动，人们经常需要同时用两张以上的 SIM 卡。

由于认识到音乐和娱乐的重要性，传音的扬声器音量更大、更清晰，适合外放音乐和通话。

为了克服一些国家电力供应不足、不稳定的问题，传音的电池支持超长待机和低成本快充。

考虑到语言不同，传音的操作界面有各种非洲当地语言，比如埃塞俄比亚的阿姆哈拉语、提格里尼亚语和奥罗莫语，肯尼亚和坦桑尼亚的斯瓦希里语，以及尼日利亚的豪萨语。

面对炎热气候和潮湿环境，公司开发了抗高温的防腐蚀涂层技术，耐酸性到pH 3.5，指纹解锁算法防汗，USB接口防汗，并配备有过热保护。

最有名的功能是非洲版"美颜相机"，让撒哈拉以南地区深肤色的非洲人也能在暗光环境里自拍。其他主流品牌都没有这种功能。传音基于数百万张非洲人的照片建立了一个数据库，优化相机硬件和算法，充分显示黑暗环境中拍出来的人脸。

然而，当这类中国公司在某一个市场成功后准备往其他市场扩张时，他们也会面临同样的问题。比如传音试图进入东南亚市场，但是并不成功。前文提到的中国电商平台执御在沙特非常成功，到了印度尼西亚却很难——他们的整个产品线和运营逻辑都非常适应沙特市场，高管们很难做出其他改变——印度尼西亚虽然和沙特一样也是穆斯林占人口绝大多数的国家，那边的消费者对同样的产品反应却大相径庭。

许多中国公司也认识到本地化的挑战，并在积极采取应对措施。字节跳动和货拉拉做了个重要的事，他们分开了国际产品线和国内产品线，让国际版本（Tiktok，Lalamove）在包袱较小或者没有包袱的情况下独立发展。一方面是对地缘政治的回应（美国前总统特朗普威胁要禁止 TikTok 在美国运营），另一方面也有实际的作用：抖音的产品更新不影响 TikTok，反之亦然；TikTok 团队也可以专注建设国际站内容，不受抖音大量中国本土内容的干扰。

字节跳动甚至在新加坡设立了 TikTok 总部，进一步加强产品独立性。公司还试图在其他产品中也复制这种模式，比如在协同工具上分别开了飞书和海外版的

Lark。

"中国市场占我们业务的 90%以上,如果把海内外产品捆绑在一起,就不能好好开发国际市场,因为一直要优先考虑中国区各种各样的要求。"一位字节跳动的前高管告诉我们。

蚂蚁集团进一步明确了这一做法,在东南亚子公司设立了国际化部门,系统化地将中国产品经验融入当地实际情况。正如我们一直主张的那样,这种努力不仅在产品层面,而且延伸到领导力和组织层面。

微信全球化失败

腾讯公司 2011 年推出微信的时候,在国内非常成功。到了 2021 年 1 月 21 日微信推出 10 周年,腾讯公布微信的日活跃用户数(DAU)已突破 10.9 亿。

腾讯在推出微信时,已经有了广受欢迎的聊天娱乐应用软件 QQ。QQ 在 2011 年有 7.21 亿个活跃账户(有些人有多个账户),QQ 提供即时通信、社交、游戏和许多其他功能吸引和留住用户。

微信在移动端的发展和 QQ 差不多,甚至比 QQ 更成功。微信逐步增加了语音消息、视频/语音通话、发照片/链接、游戏、支付、朋友圈内容分享、消费、短视频、小程序、电商/外卖等功能。同时,微信拥有众多第三方合作伙伴,通过这个开放平台,微信创建了一个生态系统,用户们可以在这里满足绝大部分需求——这个 App 可以说是"无所不能"。

这些年来,中国和海外都有朋友问我们:"为什么其他地方没有像微信这样的产品?"或者更直接地问:"为什么微信不拓展到中国以外的市场?"

其实,微信并不是没有尝试过。

微信发布短短 433 天新用户就达到 1 亿,微信决定走向全球。印度因为人口数量级别足够大,而且腾讯已经在那里收购了一家名为 Ibibo 的门户网站,成为出海试水的重要市场。

2013 年 5 月，腾讯发起了一场大型营销活动，邀请了 Parineeti Chopra、Varun Dhawan 等多位知名宝莱坞明星参与，效果确实立竿见影，短时间内增加了大概 2 500 万用户。微信连续六周在印度谷歌应用商店中排名第一。

但是这个成功转瞬即逝。虽然有大量新用户，但他们没有留下来。用户留存始终是个解决不了的严重问题。

2014 年 2 月，微信收购 Ibibo 时加入团队的印度负责人拉胡尔·拉兹丹（Rahul Razdan）辞职。一年后，微信遣散了印度团队的大部分成员。

另一方面，WhatsApp 在印度占据了上风，到 2020 年，WhatsApp 活跃用户超过 4 亿。

微信并不只在印度受挫。同一年，通过阿根廷著名球星梅西的代言，微信在全球范围内用户数量超过 1 亿。这些用户中的大多数人也没有坚持下来。

微信在海外不能复制国内的成功经验，这是为什么呢？他们犯了许多美国科技公司进入中国市场时都犯过的错误，一个关键问题是产品不本地化。

许多分析认为，微信的设计原则是建立一个"一体化社交应用"，为用户提供更全面的功能。但是印度和许多其他国家的用户一样，只想要一个快速、简单、发消息的工具，就像 WhatsApp 提供的。

与 WhatsApp 相比，微信占手机内存，还耗电。最初的安卓版微信应用程序要占 40MB 内存，当时大多数印度的智能手机存储空间还不到 200MB，微信太大了。

当时，印度和许多其他国家的移动互联网都不稳定，所以微信经常会宕机，发消息或打电话的用户会很烦这个事情，而 WhatsApp 的用户体验则要流畅得多。糟糕又昂贵的网络还让印度的用户不喜欢用流量发送或者接收大图片/视频/文件，也不会视频聊天。后来，让用户用蓝牙或 WiFi 互相分享文件的中国 App 茄子快传和闪传开始在印度流行①。

然而，占内存太大和过多的功能并不是唯一让微信失败的因素。每种文化中的习惯都不一样。WhatsApp 的原则是越简单越好，而微信则为了中国人的社交习惯定制了许多功能。例如，同意好友申请后能继续聊天；用户还可以从"附近的人""摇一摇"添加更多好友，从而增加黏性。

一位当时在腾讯印度公司工作的高管后来告诉我们，他一直记得当时"教不会印度人怎么添加好友，怎么教都不懂。"WhatsApp 不一样，只要在你手机联系人列表里就会自动成为你的 WhatsApp 联系人。

此外，在印度经常有心思不纯的男用户用"摇一摇"和"附近的人"功能骚扰女性。许多女性用户因为不知道怎么关闭这些功能，索性不用微信了。

值得注意的是，中国的用户也不是刚开始就会用这么多功能。他们是与微信一起成长的，微信逐步增加新功能，用户们逐个学习。海外用户没有经历这个过程，学习曲线要陡峭得多。

腾讯在微信失去了印度市场之后，领投了本土的即时通信工具 Hike。只是当时 WhatsApp 已经在印度用户群庞大，形成网络效应，Hike 和其他通信软件也很难真正突破了。

产品太复杂还不是微信在海外失败的唯一原因。微信在泰国和中国台湾地区输给了来自日本的 Line，Line 当时是韩国公司 Naver 旗下的产品，后来软银并入雅虎，日本获得了一般的股权。泰国和中国台湾地区的用户与中国大陆用户的社交习惯有很多相似之处，Line 早期的产品和微信也很相似（基础颜色也都是绿色）。

后来我们发现，Line 是凭借各种可爱的表情包在这两个市场吸引用户的。微信虽然也有表情包，但是远远比不上 Line 的可爱，种类也没有那么多。

---

① 在 2020 年印度政府封禁中国背景 App 的行动中，闪传和茄子快传都在封禁名单中。微信也被禁了，但对腾讯来说已经无关紧要了，更值得关心的是吃鸡游戏在印度的命运。

了解当年腾讯海外业务的朋友告诉我们，当时的一个关键问题是，在国内表情包不是一个重要功能，微信团队不知道拿它怎么办，要不要允许任何人发布表情包？要不要向用表情包的用户收费？Line在迅速占领泰国和台湾市场时，微信还在讨论这些问题。

因此，问题还是，腾讯就算市值排名全球前十，有十几年技术经验，他们是不是有技术资源和能力根据用户反馈修复这些产品的问题？

然而，这些在今天看来显而易见的修正方式，在当时并不是那么明显，我们在第4、5、6章分别说过，他们要克服组织、人员和领导力等各方面的挑战。

不同的扩张方式：怎么做

到目前为止，我们已经讨论了出海扩张的地点、时间、内容，但还没有讨论如何拓展，方法很多，包括自建、合资和投资外部公司。

我们把这个问题放在"产品"一章讨论，是因为这个问题与产品的规划和运营关系更大，而与组织和领导的关系相对少。当然，也与这两个方面密切相关，领导力和组织在确定方法和付诸实践上缺一不可。

自建、借用还是购买

欧洲工商管理学院的卡普隆（Laurence Capron）教授和多伦多大学罗特曼管理学院的米切尔（Will Mitchell）教授提出了"自建、借用还是购买"（BBB——跟美国总统拜登的后疫情时代经济政策"Build Back Better"没关系）这一概念，见表7-1。

表 7-1　在海外扩张中自建、借用和购买

参与形式	自建（独立起家）	借用（合作伙伴）	购买（收购公司）
积极参与	绿地项目 （字节跳动的 TikTok）	合资企业/活跃的联盟伙伴 （东南亚蚂蚁集团，京东）	完全收购 （阿里巴巴和 Lazada）
被动参与	空降式 （早期巴西的百度）	被动投资 （冬海集团-腾讯投资）	独立运营的收购 （类似于被动投资者）

BBB 大概描述了进入新市场或寻求新增长的三种方式。"自建"是指企业依靠自身的资源和能力，在国外市场建立新的分支机构。另一种是"买"，指收购其他公司，以当地已有的业务进入市场。这个方法相对更快，通过购买他人的资产和业务，可以获得已有的资源、相关能力和关于当地的知识。

"借用"则介于两者之间——既不完全依赖自己的资源，也不完全依赖他人；先尝试与他人合作进入新市场，借用战略伙伴在国外市场的资源和能力来实现自己在全球市场的目标。

除了 BBB 本身之外，另一个考量的维度是主动还是被动参与——这个角度是说管理者关注度，总部高管在海外公司上给了多大精力，是大量参与当地业务运营，还是尽量不干预。

于是三种方式和两种参与度产生了六种潜在的扩张战略：绿地投资、空降、合资、被动投资、完全收购和独立运营收购。进军海外的公司可能会综合使用这些战略，也可能会随着时间的推移而演变，例如，从合资企业开始，到完全整合收购。

自建

绿地项目：利用自身资源在国外建立企业，并积极参与管理；这样的典型例子是字节跳动的 TikTok。

绿地投资公司可以全方位掌控战略和运营，可以定义自己的日程、进入市场的速度和地区的优先顺序。总部在投资多少、如何整合现有供应链、如何招聘，以及如何管理与子公司之间的关系等问题上，拥有最终决定权和完全的自主权。

然而，也因为这些权力，公司在这种模式下承担的风险最大，要求公司有完整的团队和能力经营子公司。在这种情况下，组织上的学习、测试和调整及对市场的快速反应就变得更为重要。比如TikTok花费了大量精力与不同的监管机构接触，尤其是在内容审核严格的保守国家。

空降式： 纯互联网企业进入国际市场时通常会尽量不参与落地。比如一些移动游戏公司和跨境电商公司SHEIN早期的模式。

在这种模式下，公司不直接在当地市场直接开展业务，只用现有的基础设施给国外市场提供解决方案。在传统行业中，这类似于向海外市场销售的外贸行业。

唐彬森和他的游戏

2008年在中国最受欢迎的网游是社交游戏"开心农场"。用户在游戏里是一个农场主，可以种菜、种水果，还可以除草、喷农药、浇水；可以帮朋友收菜，也可以偷别人的菜。"开心农场"游戏推广到了20多个国家，有5亿海外用户，是中国游戏出海最成功的作品之一。它的幕后推手就是唐彬森。

唐彬森的公司于2014年推出了一款移动端游戏《列王的纷争》，推出后迅速风靡全球，第一年的下载量超过6500万次，在北美软件畅销榜排名第六。

> 唐彬森还先后推出了针对新兴市场的浏览器、搜索引擎、导航和杀毒工具等一系列软件。他所有业务有个共同点，就是不需要任何人直接到目标市场去。
>
> 从游戏中赚到钱后，唐彬森进入快消领域，在中国创立"元气森林"主推 0 卡汽水。截至 2021 年底，元气森林的估值达到 150 亿美元。

这种模式在 2018 年之前很流行，但现在逐渐淡出我们的视线。原因很简单：成功的空降式企业发现，目的地市场业务增长飞快，如果在当地没有组织就不能好好服务客户和处理与合作伙伴关系的问题。

比如 2021 年年中，SHEIN 当时在印度尼西亚没有自己的机构，完全依赖于服务商网络，在海关政策遇到问题时完全没办法自行解决，只能退出市场。

不过，这种模式也有自己的好处——投入少、风险低、负面影响很小。对于创业者来说这是一条路子，可以先试试水，积累知识经验以后再深度投入市场。

借用

合资企业/积极联盟：与一个或多个（通常是）当地的企业合作，聚集资源，并积极参与他们的管理。例如蚂蚁集团在东南亚与各当地企业合作开发的一系列数字钱包；京东曾经在泰国和印度尼西亚都有合资的电商企业。

在借用的模式下，合作的当地企业可以运用他们对地区的了解、专业技能和社交网络帮助合资企业发展，他们可以联络到当地顶尖的商务和监管资源。大型国际消费品牌过去经常这样进入新兴市场，这已经是一套成熟的方法。

例如，京东在泰国和印度尼西亚分别和尚泰和 Provident Fund 合资建了服务电商的仓储和物流系统。京东借此利用了他们的资源、专业知识和人际关系。

蚂蚁金服集团在开展东南亚和南亚的电子钱包业务时也一样。他们的战略合作伙伴遍布电信公司，金融机构，还有当地的企业集团。这些战略合作伙伴在运营和合规层面帮助蚂蚁金服设计出符合当地市场的移动支付系统（见表 7-2）。

表 7-2　蚂蚁金服集团电子钱包业务的合资伙伴

国　家	电子钱包	合资公司/战略合作伙伴
泰国	True Money(Ascend Money)	正大集团
菲律宾	GCash(Mynt)	环球电信
印度尼西亚	DANA	Emtek（后来变成金光）
马来西亚	Touch'n Go	马来西亚联昌银行
巴基斯坦	EasyPaisa	挪威电信集团

和当地企业合作也可以降低出海的风险。但是合资也有挑战：合作伙伴的目标规则也要被尊重和遵守，但是这些目标可能和自己公司的并不一致。

以京东在泰国的例子来说，京东的目标是快速发展电商来和 Shopee 和 Lazada 这种电商平台竞争；合作的尚泰集团则是想要用电商来防守自己庞大的线下零售业务。

从印度尼西亚的蚂蚁与 Emtek 的合资，到东南亚的平安好医生与 Grab 的合资，我们会发现国内互联网巨头在东南亚的大部分合资企业都在不同程度上有目标的错位。

理论上说，无论采用哪种扩张模式，公司都需要一个或多个当地合作伙伴。说合作伙伴能够双赢不免有些纸上谈兵；在现实中，利益或意见不一致会让很多事情出错。

因此，选择一个合适的合作伙伴至关重要，必须彻底建立信任后才可以决定是否要合作。最近我们至少看到过六七个例子：中国公司和当地合作伙伴战略和风格不一致，结果合作不顺利，但事到临头又不能中断合作关系[①]。

---

① 在这一点上，日本人在东南亚这么多年建立合资公司的经验可以借鉴。很多时候，日本企

被动投资者： 作为少数投资者对战略方向有不同程度的影响。比如腾讯之于 Shopee 的母公司冬海集团，阿里巴巴之于印度支付公司 PayTM。投资听起来很容易，因为中国的大厂一般不缺现金，他们可以轻松给不同阶段的当地公司投资。

然而，投资首先要投资公司摆正自己的位置。虽然很少见，我们也看到过一些中国大公司先是通过投资了解和学习市场，然后又自己进入市场与被投过的当地公司直接竞争。我们还看到一些公司投了行业里所有的头部企业，降低了把鸡蛋放在一个篮子里的风险，同时也会让被投公司不那么信任他们。

虽然每家公司都有自己的情况，但腾讯对冬海集团的投资值得探讨。作为冬海集团的第一大股东，腾讯除了给钱，还提供各种专业技术支持，帮他们发行热门游戏和运营。同时，腾讯完全不干涉冬海的运营和决策。冬海的游戏 *Free Fire* 和腾讯的 *Arena of Valor*（王者荣耀的海外版）在国际市场上是竞争关系，但是腾讯好像无所谓[①]。

腾讯的发展战略

腾讯早期也和很多其他中国互联网公司一样喜欢抄和超。因为有庞大的用户群体和强大的产品管理能力，一旦腾讯发现市场上有好的创意，就赶紧抄，然后通过自己的平台传播，并利用庞大的用户群挤走原创。腾讯微博抄新浪微博，QQ 旋风抄迅雷，腾讯朋友网抄人人网……虽然

业对合作伙伴的信任要花非常长的时间才能够建立——而一旦建立之后很多时候在艰难关头日本企业会出手利用自己的资金和资源帮助合资公司度过难关，即使有时候这些难关完全是本地合作伙伴咎由自取造成的。

① 这个很可能和之前提到的腾讯本身也有内部赛马的文化有关系，使得组织对某个具体被投公司的控制欲没有那么强，也没有必要。

说赚了不少钱，但丢了名声，也不被人尊重。

不过，腾讯从21世纪第二个十年开始已经很少照搬照抄、事必躬亲，而是逐渐成为了一个成熟的投资者。它的角色基本上是投资目标的推动者。腾讯在出海和其他游戏业务上的投资都取得了巨大成功。

腾讯成功的秘诀在于，它更像是一个被动的投资者，不直接干预被投公司的运营。同时，腾讯愿意分享知识、专业技能，甚至分享其消费者基础。这种相对被动的角色赋予了腾讯被投资方充分的自主权和开发本地市场的强大动力，从而实现了双赢。

相比之下，阿里巴巴和蚂蚁金服集团在东南亚的被投资企业经常抱怨投资方试图实施过多控制，尤其是通过后台数据系统。这些动作往往会造成阿里巴巴与经理们和本土企业创始人关系紧张。

M-DAQ 和 Quixey

2016年，蚂蚁金服集团斥资千万美元收购了新加坡一家提供跨境货币交易平台的金融科技公司 M-DAQ 40%的股份。阿里巴巴旗下的速卖通和天猫平台在这笔投资之前就已经是 M-DAQ 的客户。

投资后，阿里巴巴生态系统成为 M-DAQ 的主要收入来源。M-DAQ 的收入在与蚂蚁和阿里巴巴集团旗下的国际电商合作后的几年里一路飙升，年销售额从2017年的850万美元猛增至2018年的3 140万美元。

M-DAQ 因为业务重心完全放在为阿里巴巴服务上，公司总收入的至少90%来自于与阿里巴巴相关的业务。与此同时，蚂蚁集团也在不断发展自己的技术，逐渐减少对 M-DAQ 的依赖。于是两家公司之间的关系变得非常紧张：M-DAQ 希望扩大业务范围，获得更多自主权，找更多金融科技领域的商业机会，而蚂蚁集团可能会成为这一过程中的潜在障碍。

来自加利福尼亚州的初创公司 Quixey 也遇到过类似的情况，它是一个移动端搜索引擎，扫描主要的应用商店，并抓取博客、评论网站、论坛和社交媒体网站，通过评论、口碑和演示，全面了解一款应用的功能。2015 年，Quixey 获得了阿里巴巴领投的 6 000 万美元投资。但是后来的几年里，阿里巴巴和 Quixey 在技术、管理方式上产生了巨大争议，导致 Quixey 的业务停滞不前。最终，Quixey 在 2017 年倒闭。

阿里巴巴的投资对初创企业来说是一把双刃剑。一方面，它可以通过业务协同有效帮助初创企业成长。比如蚂蚁集团成功帮助了 M-DAQ 拓展电商领域。同时，阿里巴巴对所有供应商和合作伙伴都有很高的要求，督使 M-DAQ 改进了技术和基础设施。另一方面，他们也会无意中挤压被投企业的潜在增长空间。

与腾讯相比，阿里巴巴集团的企业文化更为浓厚，倾向于通过投资控制一家企业，然后用庞大的业务量捆绑，一定程度上干预了企业的运营。

购买

收购和全面整合：购买/收购现有企业。例如阿里巴巴收购东南亚的 Lazada、土耳其的 Trendyol 和遍布南亚（除了印度）的 Daraz。

这种方法有几个优点。现有的企业已经通过实践积累了核心市场经验，可以为买方节省大量时间。同时，没有了在早期阶段失败的风险，也就不至于错失良机。

也就是说，收购的风险转到了买方决定进行收购的时候。在科技大厂里，典型的问题是并购（M&A）团队与收购后整合的业务团队是分开的，常常协调不顺畅。

前面说到阿里巴巴收购 Lazada 就是一个很好的例子。2016 年进行收购时，阿里巴巴既没有具有国际电商经验的管理人员，也没有协调中国境外大型企业子公司的经验。阿里巴巴在磨合过程中耗费了大量的时间和精力，而这时恰恰 Shopee 正在飞速崛起。之前提到的百度收购巴西的 Peixe Urbano 和腾讯收购印度的 Ibibo 时也都面临过类似的挑战。

然而，腾讯收购东南亚视频流媒体运营商 iflix 则不一样。腾讯视频团队接手时已经在东南亚拥有足够的流媒体运营经验，这起收购其实就是收购了一些资产，并没有和原有团队继续协调合作的太多必要。

滴滴在巴西收购的出行公司 99 就是一个比较成功的例子。不过一部分原因是出行服务不像电商或者内容平台，是一个比较简单直接的商业模式，收购后整合业务也更容易。

收购和单独运营：进行收购，但不积极参与被购公司的运营。

案例有字节跳动收购在东南亚流行的《无尽对决》游戏的母公司上海沐瞳科技，腾讯收购拳头公司 Riot Games。

企业出于多种原因也会不急着将被购公司并入母公司，可能是出于战略目标的考虑：腾讯的战略是鼓励内部竞争的，让被购公司的管理者拥有强大的内驱力可以独立决策。

这种收购往往是买方为了避免外部竞争，提前布局未来可能有用的关键业务而作出的战略性决定。

事实上，中国企业如果刚涉足全球化业务，更好的选择是先等等，等到市场条件成熟再整合，这要比在没有合适的团队和互相理解的情况下强行整合要好。一位高管说"当我们变得更加成熟、更加了解对方时，我们就可以一起做事了"。

多方操作

前面讨论了自建、借用再到购买，但没有一种模式比另一种模式更好。选择哪种方式要取决于战略目标和付出、控制目标公司的意愿、风险承受能力，以及市场环境和其他现实因素。

此外，企业也可以同时用多种方式相结合来进行海外扩张。比如字节跳动一开始是绿地创业，自行推出了针对海外市场的 TikTok；后来又收购了 music.ly，还很好地整合到 TikTok 里，这在字节跳动海外发展轨迹上具有里程碑意义。

无论采用哪种扩张模式，市场出现机会，业务开始跑起来，时间就是紧迫的，需要迅速决策并付诸实施。

我们可以看到，产品固然重要，但它只是开拓海外市场漫漫长征路里的一个元素。要想把自己的节奏把控好，做出正确的决策，要聘用合适的人员，利用合适的资源，安排好组织然后交付给市场，这其中有很多事要做。

化零为整：定速度、按顺序、找节奏

虽然前面的章节强调了产品有不同层面，但我们可以把商业决策分解成小块，然后再逐个拼接起来。此外，中国企业出海的难点在于如何把握扩张的速度、顺序和节奏，这也是中国科技企业海外之路的难点。

公元前 7 世纪，中国军事战略家、鲁国大夫曹刿说：一鼓作气，再而衰，三而竭。意思是说鼓声响一次，可以振奋军心；鼓声响两次，已经不能振奋军心了；鼓声响三次，则是军心涣散。

进入新市场的科技公司也需要把握好节奏,避免资源快速耗尽,精疲力竭。新市场有很多不确定因素,业务发展速度往往与理想情况相去甚远。如果管理不善,团队很容易士气低落、分崩离析。

当公司或企业资源不充足时,优秀的人会离开,投资者失去耐心。要想再扭转局面会需要非凡的领导力。

所以正确的做法是先把控好节奏,与市场一同成长。中国跨境电商SHEIN在很长一段时间里被投资人诟病说不务正业。尤其是与竞争对手执御和Club Factory相比,SHEIN在一段时间的增长势头确实是下风。后两家公司投资时非常激进,而SHEIN的管理层则专注于建立自己的技术/数据支持能力和成熟的供应链。2020年,这两家公司撑不住垮台时,SHEIN凭借稳健的综合实力年销售额接近100亿美元,比前一年翻了一倍多。

总之,这些决策互相关联,给企业领导者带来了巨大的挑战。不过我们认为中国企业的领导者处理组织和人时的决策比处理产品相关的决策更加驾轻就熟,因为他们中的许多人都是从产品经理做起的,他们知道听客户的意见有多重要。

给领导层的问题

在本章的最后,我们想给开拓海外市场的领导层提出以下问题供参考和反思。
- 你在特定市场推出产品的时机恰当吗?
- 市场的基础设施、消费者教育等方面处于哪个阶段?
- 你有能够快速迭代并且让产品本地化的人员、组织能力和专业技能?
- 你的产品经理经验丰富吗?了解当地市场吗?能和当地团队无缝沟通吗?

- 对特定产品团队而言，自建是最好的方法吗？投资、合资或其他方式是否有意义？怎么做决定？有后手吗？
- 如何保持产品的灵活性，并适应未来市场的潜在变化？
- 如何保持产品热度？

第 III 部分

重新出发

第 8 章

拐　　点

　　"最近的确有很多的变动，大家也对这些变动表示非常的关心。其实这些改变都是为了同一个目标，也就是实现共同富裕。共同富裕，这个目标其实是深深植根于美团基因中的，甚至可以在美团的名字中得到展现。"

　　——美团创始人王兴，2021年第二季度财报电话会议

外卷：中国互联网巨头的全球征途
Seeing the Unseen Behind Chinese Tech Giants' Global Venturing

对于中国互联网公司来说，2021 年是不平凡而且艰难的一年。监管措施接二连三推出，不仅让大多数科技公司的股价大跌，还引发了全国从领军企业到投资者、再到运营主管们的全面反思。

近十年快速而密集的竞争之后，中国的互联网企业是不是应该歇一歇，反思一下自己的社会价值，找准自己的位置再开始未来的征程。

我们先从印度尼西亚的水稻种植开始，来试图理解这一过程。

20 世纪 60 年代初，美国人类学家克利福德·格尔茨（Clifford Geertz）对印度尼西亚爪哇岛和巴厘岛的水稻种植深入研究后，出版了一本书《农业的演变：印度尼西亚的生态变化过程》。在这本书中，他创造了"内卷"这个词，描述了爪哇岛上因为内部人口增长和外来荷兰统治者的压力而迫使农民投入更多的努力来耕种，总产量上升了但人均产量却没有相应增加。

或者简单地说，在这样的环境下每个人都不得不更加卖力工作，但是额外的回报却很少。

格尔茨没有预料到的是，"内卷"在 21 世纪 20 年代成为了中国社会——尤其是大城市中——最常用的流行语。以年轻人为代表，人们用"内卷"来形容工作环境：他们为了在竞争中生存，不得不付出额外的努力，但额外的工作投入并没有在收入或者职业发展上真正带来额外的收益。

在过去20年里，互联网企业的人们遵循着"996"，获取着其他长时间、高强度的工作文化。而2020年12月29日，拼多多一名23岁的女员工在凌晨1点半下班后猝死引起了社会对这样的工作文化的激烈讨论。

这不仅是对大型科技公司工作文化的反映，也引发了年轻人的灵魂反思。与前几十年的前辈们不同，许多年轻人意识到不管他们多努力，是不是在最顶尖的公司打工，也不一定能赚到更多的钱、买得起大城市的房子，或者获得晋升机会。

到底发生了什么呢？国内的互联网行业经过多年来一个陡峭曲线快速发展，现在已经不再有显著的自然增长空间，而公司和公司及人和人之间的竞争愈演愈烈。自然增长的时代里，人们不用考虑太多，只要速度快自然会得到回报，可是这个时代一去不复返了；取而代之的是对很多年轻人来说无尽的内卷。

2021年的年轻人中另一个现象是选择"躺平"——虽然未必是一种非常普遍的现象，但是互联网上关于躺平的帖子能够引起很多共鸣就很说明问题。这算是一种生活态度，不争不抢，无欲无求，维持最低生存标准。社交媒体上许多年轻人说躺平太符合他们的生活态度了。反正外面机会少，竞争又激烈，他们何苦去卷呢？

然而事实上，增长机会总是存在的。经过二十多年的建设，中国经济尤其是互联网领域的创新是层层递进的——每一波浪潮都为下一波创造了必要的基础设施。

问题是，在短期内由于增长曲线的放缓，互联网和很多其他领域的人才和资本都供过于求，很多人的辛苦和投入看不到回报。而为此继续增加投入则会陷入一个痛苦的循环。

监管干预

政府监管也注意到了发展中的这些问题和社会上的这种情绪,并采取了行动。

2020 年 11 月,蚂蚁集团的 380 亿美元港交所 IPO 在最后时刻被监管机构叫停,传说导火索是马云在几周前公开批评监管机构的思想陈旧。

后来阿里巴巴自己也因为"滥用市场支配地位"[①]被调查,很长一段时间马云都消失在我们的视线里。一系列事件导致一年前还看似势不可挡的阿里巴巴市值大幅缩水。截至 2021 年 12 月 31 日,阿里巴巴[②]股价已经跌到了 2017 年 5 月的水平。

这只是大公司们动荡的一年的开始。腾讯音乐被要求放弃与音乐厂商的独家发行权,美团因强迫商家选边站队而被罚款,多年前的一系列投资和收购也被要求松绑。

而在线教育等行业则受到了全行业监管变化的冲击——在线教育头部企业之

[①] 中国国家市场监管总局的调查认为,阿里巴巴集团在中国境内网络零售平台服务市场具有支配地位。调查也认定,自 2015 年以来,阿里巴巴集团滥用该市场支配地位,对平台内商家提出"二选一"要求,禁止平台内商家在其他竞争性平台开店或参加促销活动。限制了中国境内网络零售平台服务市场竞争,妨碍了商品服务和资源要素自由流通,影响了平台经济创新发展,侵害了平台内商家的合法权益,损害了消费者利益。2021 年 4 月 10 日,市场监管总局对阿里巴巴集团处以 182.28 亿元人民币的罚款。

此次监管行动创造的一个相对公平的竞争环境让拼多多平台之后几年得以持续高速增长,到 2023 年,阿里巴巴在中国电商平台市场商品交易总额(GMV)的占有率已经不到 50%,市场支配地位已经不存在。

[②] 2022 年 3 月,阿里巴巴的股价更是跌到了 2014 年 IPO 时发行价的水平,此后一直到 2024 年 5 月也没有恢复到发行价以上。2023 年 11 月,拼多多的市值更是一度超过了阿里巴巴。

一的新东方的创始人俞敏洪甚至选择了转型去做农产品直播带货。

由于面对持续的监管措施和政策的不确定性，投资者为此深感不安，中国科技股市值蒸发上千亿美元。相关企业在市场投放上的更谨慎也直接影响到了很多以广告和宣发为主要收入来源的企业。

监管在这个时间点出手干预互联网市场的发展其实有很多层次的原因。蚂蚁集团的业务涉及到不同监管部门负责的金融的方方面面，如何有效监管和防范系统性风险一直是各部门头疼的问题。而滴滴在2021年不顾监管部门对数据安全等问题的担心而强行去美国上市也让政府感到必须要管制一下资本的"无序扩张"。

更深层次的原因是目前错综复杂的世界地缘政治变局，以及中国经济已经发展到了一定水平需要避免，之前日韩等东亚邻国出现的问题：生育率降低、人口老龄化、青年人看不到希望，形成恶性循环。

以在线教育行业为例：中国城市里的孩子也陷入了无休止的"内卷"中，同时年轻人面对高昂的养育成本也不太愿意生育。《习近平谈治国理政》第三卷中收录的习近平总书记2018年9月在全国教育大会上的讲话中就写到了校外教育培训改革的必要性：

"一些校外培训机构违背教育规律和学生成长发展规律，开展以'应试'为导向的培训，增加了学生课外负担，增加了家庭经济负担，甚至扰乱了学校正常教育教学秩序，社会反响强烈。良心的行业不能变成逐利的产业。对校外培训机构要依法管起来，让校外教育培训回归育人正常轨道。"

千团大战2.0

正如本章前面提到的，随着增长空间逐渐减小，中国大型互联网公司之间的竞争越演越烈。2019—2021年的一个关键行业是社区团购。这里的商业模式很简单：在社区发展代理商网络，通过微信等群组向社区里的消费者推广产品和收集订单，消费者自行从代理商那边取货。商家可以汇总订单让平台隔日安排履约，所以理论上解决了困扰生鲜行业的损耗和库存等问题，单个订单的履约成本最小化。

理论上社区团购的成功者最终会拥有一个非常高效的本地履约网络，在这里卖什么都可以。

然而，和十年前的第一波团购一样，社区团购行业很快陷入了一场混战。

阿里巴巴、美团、拼多多、京东和滴滴等大型互联网企业都加入了这场大战，有些公司还通过自营和投资该领域的创业公司双管齐下的做法来降低在竞争中失败的风险（见图8.1）。

图8.1 2021年社区团购玩家图谱

很显然，在这场战斗中，独立的初创企业很难战胜大公司。就算他们有很强的供应链和执行能力，也很难说服财务投资者真的投钱让他们和巨头直接对抗。所以到了 2021 年年底，社区团购的创业公司里只有兴盛优选还能够守得住自己（在长沙）的阵地。这在一定程度上还是归功于兴盛的投资方腾讯没有运营自己的社区团购平台。

与 10 年前的团购大战 1.0 不同，这一次监管机构选择了提前介入——联合商务部举行了规范社区团购秩序行政指导会，并在会上向阿里巴巴、腾讯、京东、美团、拼多多、滴滴等 6 家互联网平台企业提出了九项要求。

监管选择介入有几点原因：第一，现在的大平台投入了更多的资金，有时甚至倒贴给消费者来下单，扰乱了供应链的正常发展和市场价格秩序，挤压了小摊主、小商贩等上百万小商家的生存空间；第二是带来无休止的竞争，就和之前提到的"996"文化一样，在社会上引起了强烈反弹。

2020 年 12 月 22 日市场监管总局联合商务部举办的"规范社区团购秩序行政指导会"上提出的"九不得"

一是不得通过低价倾销、价格串通、哄抬价格、价格欺诈等方式滥用自主定价权。在依法降价处理鲜活商品、季节性商品、积压商品等商品外，严禁以排挤竞争对手或独占市场为目的，以低于成本的价格倾销商品。

二是不得违法达成、实施固定价格，限制商品生产或销售数量、分割市场等任何形式的垄断协议。

三是不得实施没有正当理由的掠夺性定价、拒绝交易、搭售等滥用市场支配地位行为。

> 四是不得违法实施经营者集中，排除、限制竞争。经营者集中达到国务院规定申报标准的，应当事先申报，未申报的一律不得实施集中。
>
> 五是不得实施商业混淆、虚假宣传、商业诋毁等不正当竞争行为，危害公平竞争市场环境。严禁编造、传播虚假信息或进行引人误解的商业宣传，损害竞争对手的商业信誉、商品声誉，欺骗、误导消费者。
>
> 六是不得利用数据优势"杀熟"，损害消费者合法权益。
>
> 七是不得利用技术手段损害竞争秩序，妨碍其他市场主体正常经营。不得利用服务协议、交易规则及技术等手段，对平台内经营者在平台内的交易、交易价格及与其他经营者的交易等进行不合理限制或附加不合理条件，或者向平台内经营者收取不合理费用。
>
> 八是不得非法收集、使用消费者个人信息，给消费者带来安全隐患。
>
> 九是不得销售假冒伪劣商品，危害安全放心的消费环境。

2021年3月，市场监管总局对5家社区团购企业处以罚款。虽然每家50万到150万元人民币的金额并不大，但所传递的信息却十分明确：监管不接受无休止地扰乱社会秩序的商战。

西方各国和主要发展中国家的监管机构也有他们各自对大型科技和互联网公司垄断和挤压市场的担忧，也在各自国家的法律体系下采取一系列的监管活动。这里很多时候的困难是如何平衡保持社会的创新动力和管制在公平竞争中互联网巨头的垄断倾向[①]。

经过最近几年的整治，未来未必会看到更多比如对于P2P放贷和在线教育等行业的看似干净利落的一刀切监管政策，但是监管更强更持续的存在对整个互联

---

① 熟悉中国经济发展轨迹的人都应该知道"一管就死，一放就乱"。这个说法生动地反映了在改革开放过程中，如何在政府管制和市场自由之间找到平衡的挑战。互联网企业和之前的传统行业不一样的是，它能够迅速地起规模——所以在出现问题的时候如果没有及时管制，负面问题很快就会出现而且被放大。

网市场会有更深远的影响①。

出海——不是选项是必须

在中国宏观环境大变的情况下，过去的一年里我们看到越来越多的中国公司和投资者开拓全球市场，在新加坡设立分支机构，在美国建立分销网络，渗透进巴西和中东等市场②。

对许多人来说，出海扩张已成为一种必需、一种（或唯一的）增长点甚至是生存方式。许多人没有做好准备——我们看到过有金融科技公司与外国合作伙伴或监管机构沟通时甚至无法提供一个关于公司介绍的英文版PPT。

所以这本书中描述的领导力、人、组织和产品的问题在不同企业的出海历程中以不同的形式伴随着细微的差别反复出现，虽然宏观的概念基本相同。

然而，对海外的很多合作伙伴或者竞争对手来说，不要低估中国企业的生存本能。许多企业会在海外发展的道路上失败，但相互学习、相互借鉴后，最终一定会有一些企业脱颖而出，获得成功。

---

① 监管政策的制定必须要做到充分的调研和有法可依，所以往往出台新的条例需要很长的准备期。对于互联网行业来说，监管的困难在于创新速度快，社会影响复杂和难以预期，以及其他各种不确定性。有些商业模式的变化迅速，不容易界定哪一个监管部门应该负责管理。因此，最近几年很多的监管动作是由某个部门牵头，而联合相关部委共同研究制定发布。

② 随着疫情之后全球国境的开放，中国国内企业出海的强烈欲望被很强烈地表现出来。本书作者从2023年到2024年多次来到中国，先后去了十多个城市，并和多个行业的创业者及企业家交流，感到现在出海是一个全方位全行业的趋势。这个过程会充满艰辛，但是未来三五年中也一定会看到很多成功的案例。

第 9 章

全球华人创业者群体

外卷：中国互联网巨头的全球征途
Seeing the Unseen Behind Chinese Tech Giants' Global Venturing

相比在国内做大的中国企业出海时通常遇到许多挑战，在海外的华人企业家群体在深入学习中国市场的一些经验教训，加上他们对海外市场本身的深刻理解和专注上，往往能够建立新的成功企业[1]。

新加坡为总部的 Shopee 电商平台及其母公司冬海集团，还有最初在印度尼西亚创办的电商物流公司极兔（J&T Express）就很有代表性。这两家公司都是在东南亚崛起并迅速发展成为全球性的公司。这两家公司的创始人和核心高管都来自中国，但在东南亚有多年生活、学习和工作经历。

有人可能也会把视频会议工具 Zoom 和美国市占率第一的外卖平台 DoorDash 等这类在美国创办、总部也设在美国的公司也归为这一类。DoorDash 的创始人徐

---

[1] 这里对全球华人创业者的定位，不同的人可能有不同的理解。有些朋友理解为海外有华人血统的创业者，比如说东南亚各国的华人。而我们看到的群体可能更多的是有一定的中国背景，比如第二代移民或者是出生在中国但是年轻时通过学习和工作前往海外长期生活的人。他们和东南亚比如印度尼西亚和泰国年轻华人不同的是往往还能够流利使用中文，并且在文化上能够很轻松地理解和消化中国发生的各种创新。

讯小时候从南京移民到了美国。因此，他和他的联合创始人比竞争对手的纯美国背景创始人更了解美团外卖，也会去学习、理解和适用他们的一些策略和做法。出生自山东泰安的袁征则在 27 岁硕士毕业后移民美国担任软件工程师，后来一步一步看到机会自己创业。

此外还有很多，比如墨西哥新银行 Stori、加拿大外卖平台饭团、泰国电商物流公司 Flash Express、美国协同工作软件 Notion 等。

一位知名科技消费领域投资人接受受访时和我们说："这群有中国大陆背景的创业者正在消费科技领域创造影响力，就像台湾人当年主导了北美的半导体产业一样。"他指的是 AMD 和英伟达这两家最著名的芯片设计公司，他们的 CEO 都出生于台湾省的古城台南。这个说法虽然有些夸张，但是背后不是完全没有道理。

与全球各地的华人们相比，国内出海的企业家有一个独特的优势：他们非常了解当地市场，知道如何将产品本地化，更知道如何融合手头的各种资源，将中国的成熟经验与对当地市场的了解相结合。

一位出生在巴西圣保罗的科技公司高管受访时和我们说过："Shopee 对巴西员工的管理比我所见过的所有其他中国互联网公司都要高效，"他显然也把 Shopee 当成了一家中国公司[①]。

过去十多年，中国互联网行业的发展在资本市场造就了一大批华裔基金经理，他们对这些公司和商业模式及不断变化的竞争态势有着深入的研究和了解。其中一些人也在全球范围内向他们投资了的企业提供咨询，帮助他们从中国同行那里

---

① 我们其实问过他为什么会有这样的感觉。他的回答是：中国互联网往往会要求当地员工服从公司的管理文化，并没有耐心去了解当地的工作文化。而 Shopee 派去巴西的一些高管似乎看起来就在多文化的环境中工作过，已经知道在不同的工作文化下需要不同的沟通方式。

获得战略指导，借鉴运营结构，甚至挖来关键高管①。

在这当中，冬海集团（Sea Group）的案例比较引人关注。冬海的前身是东南亚的一家游戏发行商 Garena，在 2015 年拓展到电商领域后现在发展成为一家消费科技集团，业务涵盖游戏、电商和数字金融服务。尤其是在新冠疫情期间，冬海集团的业务范围从东南亚拓展到了全球。

从 2019 年第四季度到 2021 年第四季度，冬海的股价上涨了 10 倍，但是又在 2021 年底与许多新兴科技公司一样暴跌②。

尽管公司在东南亚规模庞大，存在感极强，但它的创始人和核心高管在公开场合却表现得非常低调，让许多本土商业媒体将其冠以"神秘"之名。与许多同行相比，公开的财报 PPT 也相当平淡，没有太多的花哨设计，只有简单的数字和图表。

各地市场合作伙伴或竞争对手的感受倒是截然不同的：冬海集团尤其是其电商部门 Shopee 和数字金融部门 SeaMoney 在扩张和竞争策略上都非常激进和主动。

投资者们意见不一。一位二级市场基金经理在研究了 Shopee 2021 年在印度尼西亚、马来西亚和泰国新拓展的外卖服务的相关报告后说："我们已经很久没有看到过在东南亚市场这么大规模烧钱的了。"在外卖领域，Shopee 的主要竞争对手包括在纳斯达克上市的东南亚打车外卖平台 Grab 和德国法兰克福交易所 DAX 指数成员 Delivery Hero 的东南亚子公司 Foodpanda。

在第 6 章和第 7 章里，我们分别提到过 Shopee 在电商领域与阿里巴巴旗下 Lazada 竞争的一些组织架构和产品方面的问题。不过，冬海集团作为中国互联网

---

① 这件事情我们看到尤其是东南亚很多的有中国关系的一级市场投资人都在做。然而，我们发现很多本土（包括本土华人）创业团队如果没有在中国工作和生活的经历的话，其实很难有效理解和吸收来自中国的经验，更不要说能够有效发挥和利用了。这里面有一个可能相关的问题，就是东南亚能够拿到钱的本土华裔创业者往往都是受过美国教育的精英——本质上的文化认同是美国硅谷式的，平时也喜欢阅读美国创业大佬的分享和经验总结。成功的中国创业者的思维方式会有很大的不同。

② 冬海集团的股价后续一路下滑，到 2023 年中的时候已经跌到了疫情前的水平，比 2021 年 11 月的高峰期下跌了超过 90%。

战略和经验在全球多个市场应用的典范,还是值得单独提一下。

冬海与一大批中国/非中国企业的竞争中有很多经验值得学习。这些企业不仅包括前面提到的 Grab、Delivery Hero 和阿里巴巴,还包括亚马逊、TikTok、波兰的 Allegro、沃尔玛的印度关联公司 Flipkart、拉丁美洲的 MercadoLibre,以及巴西银行新宠 Nubank[①]。

冬海和 Shopee

冬海的前身是 2009 年在新加坡由新加坡南洋理工大学的一些中国学生创建的一个游戏平台 Garena。当时带领这批学生的陈欧后来回到中国创建了化妆品电商平台聚美优品,并在 2014 年在纽约证券交易所上市了。

陈欧出走后,Garena 由当时他的合伙人天津人李小冬接管。后来,Garena 获得了腾讯的投资,并同时获得腾讯游戏在东南亚和台湾地区的发行权,腾讯至今仍是该公司的最大股东[②]。

虽然 Garena 早期有许多其他竞争对手,包括一批同样由中国学生在新加坡创办的公司,但腾讯的有力助推让它走上了发展的快车道。

[①] 在疫情中资本市场非常认可的时候,冬海集团管理层应该认为必须抓住这个机会拓展东南亚以外的市场。然而,资本市场转向很快,导致了 2022 年和 2023 年 Shopee 的业务极速收缩,只能裁员来止损。有一种看法是资本市场没有给 Shopee 足够的时间去实现在这些新市场寻找到适合自己的组织架构。当然,扩张中也不出意料出现了很多组织和人的问题,我们后面也会讨论。

[②] 据游戏圈的朋友透露,当时腾讯、盛大和网易都在东南亚寻找发行游戏的合作伙伴。腾讯选中 Garena 有一定的偶然性。要知道,那个时候,移动互联网在东南亚还处于初级阶段,游戏发行很多时候意味着更多在越南等地的大量网吧做线下推广、建立玩家为游戏付费的收费和结算渠道等苦活累活。

2014 年，当 Garena 已经成为东南亚最赚钱的游戏初创公司之一时，李小冬和联合创始人叶刚决定进军移动领域，包括移动端游戏和电商。当时智能手机在中国快速普及，意味着上千万消费者开始通过电商平台直接接触品牌和产品。东南亚人这时也在开始普遍使用智能手机，他们会发现电商的吸引力吗？

为此，他们找到了冯陟旻（Chris Feng）。这位前麦肯锡咨询师当时已专注在新兴市场复制美国互联网业务的德国互联网集团 Rocket Internet 工作了数年。当时，冯陟旻是 Rocket 孵化的电商平台 Lazada 的董事总经理，而 Lazada 两年之后才被阿里巴巴收购。

在 Lazada，冯陟旻以非常聪明和直接、不给情面的沟通方式著称——这在东南亚大家普遍委婉隐晦沟通习惯里十分罕见。早期有一位朋友求职 Garena 时在网上看到这样一条前辈的评论："Garena 整体待遇和福利都非常好，不过千万别来电商部门，老板有些神经质。"①

2015 年发布的第一版 Shopee 电商 App 与新加坡当时流行的二手物品交易 App Carousell 颇为相似。Carousell 拿到了红杉印度几轮投资，当时正如日中天。本地的创投媒体也将这两个产品相提并论，并预言 Shopee 将面临 Carousell 所面临的同样挑战，比如虚假产品和欺诈、质量问题及平台很难货币化等。

在 2015 年 12 月与一家本地创投媒体的采访中，冯陟旻却说 Shopee 与 Carousell 其实本质上是十分不同的：

"Carousell 非常幸运，因为他们在新加坡市场起步较早。也幸好他们提前对市场进行教育，迎接了我们的进入。长远来看，我不认为他们是竞争对手——他们在一段时间内都会专注二手市场的独立卖家，这样也挺好的……从某种意义上说，（我们）两家公司是有些相似，但我认为随着时间的推移，我们的发展会有很大不同。"

2021 年 10 月，当冬海创下 2 000 亿美元历史市值新高时，Carousell 也终于达到了 10 亿美元的独角兽估值。由于其核心产品主要市场仍在新加坡，Carousell

---

① 那位朋友后来还是去了，并且留了好几年。

当年的营收不到 5 000 万美元,而且还是因为收购了周边市场几家盈利但估值不高的分类广告平台。这发展的确如冯陟旻在 2015 年所预测的,与当时已经拿下东南亚头把交椅并开始向拉美扩张的 Shopee 相差甚远。

出乎大家意料的是,Shopee 商业成功的第一个地方是拥有 2 300 万人口繁荣的经济体——中国台湾地区。对 Shopee 来说,中国台湾地区市场并不陌生——Garena 已经在中国台湾地区经营了几年的游戏业务。而几年前,冯陟旻还作为负责人之一领导了 Rocket Internet 在中国台湾地区的启动电商业务[1]。

Shopee 掐准了时间进驻中国台湾地区市场。虽然中国台湾地区凭借充足的消费能力(经济体量超过了十多倍人口的印度尼西亚的一半)和基础设施成为电商发展的理想市场,但 Shopee 在中国台湾地区的主要竞争对手雅虎和本地导航网站 PC Home 都来自桌面互联网时代,他们没有在移动体验方面投资过。另外一个大的对手淘宝则由于中国台湾地区领导人换届的原因退出了市场[2]。

要说 Shopee 从中国科技公司学到了多少东西,不妨看看它在中国台湾地区市场采用的中文名称——"虾皮"。学习了阿里巴巴的 B2C 电商平台叫"天猫",金融服务子公司叫"蚂蚁金服"(后更名为"蚂蚁集团"),物流平台叫"菜鸟",全渠道生鲜零售商叫"盒马"。

Shopee 在中国台湾地区发展迅猛。内部人士告诉我们,2016 年年底,中国台湾地区的销量已经占到 Shopee 总销量的 90% 了。为了解释中国台湾地区在其业务组合中的显著性,冬海在 2017 年上市时一度提出了包括中国香港、台港地区的"大

---

[1] Rocket Internet 在 2012 年启动的东南亚电商团队也覆盖了中国香港和台湾地区的市场,后来早期的团队分化成了两个主要公司:综合电商平台 Lazada 和时尚电商平台 Zalora (起名据说比较随意)。Lazada 大家比较熟悉;Zalora 后来则面临很多增长的瓶颈,最后和 Rocket 在全球其他区域的几家时尚电商平台打包成为 Global Fashion Group(GFG)在法兰克福上市。比较不幸的是,GFG 营收和利润最好的是东欧的 La Moda,核心市场是俄罗斯、乌克兰、白俄罗斯和哈萨克斯坦。

[2] 淘宝退出中国台湾地区市场之后曾经派出过一支团队考察在东南亚拓展的机会,但后来阿里巴巴集团决定收购 Lazada 之后,这只团队就撤回到了中国国内。

东南亚"概念①。

事实上到了 2017 年，Shopee 已经大举进入东南亚 6 个主要市场，并声称到 2017 年年底 GMV 要超过 Lazada。然而，投资者不信任对其大规模运费补贴换订单数和用户数的策略。冬海 2017 年的 IPO 也在一定程度上反映了其试图从一级市场融资的困难。上市后的一整年里，冬海股价几乎没有增长——不少老员工认为公司大概不行了而出售了手上的股票。

不过，Shopee 在东南亚的电商渗透率却在持续上升。坚定实施的包邮策略确实让他们的订单量不断增加。公司还建立了跨境业务，吸引中国商品和服务中国卖家，为东南亚地区提供更多物有所值的商品选择。在 2019 年，在印度尼西亚本土的 Shopee GMV 已经超越 Tokopedia，成为印度尼西亚最大的电商平台。

冬海在 Garena 早期就已涉足支付领域，还获得了一些执照。2019 年底，Shopee Pay 的贴纸开始出现在线下商户中——有点像微信和支付宝在 2015 年前后在中国的线下推广。

冬海在 Garena 开发推出多人在线对战竞技游戏 Free Fire 大获成功，在全球获取了大量的现金流。冬海将这些现金投资于电商业务的发展，投资者的信心大增。

2020 年年初开始的新冠疫情更是大力推动了冬海的所有业务。在各种社交限制下，世界各地的人们在线购物，无接触付款，并长时间玩手机游戏。

中国的互联网动物园

中国互联网界的一个有趣现象是，大量使用动物名称或形象作为平

---

① 后来 Shopee 在东南亚本土的业务发展到一定水平之后，这个概念就不再被提起了。但中国台湾地区市场至今在 Shopee 的组合中还占有很重要的地位。

台或者品牌的名称。阿里巴巴的子公司们曾经被亲切地称为"阿里巴巴动物园"。阿里巴巴的29项业务都有相关的动物名称或标识，除了上面提到的天猫、菜鸟和蚂蚁外，还有音乐平台虾米、二手交易平台闲鱼、物流服务蜂鸟。

Alibaba.com 阿牛	阿里云 云小宝	阿里健康 小鹿	速卖通 Ayi	阿里妈妈 袋耳朵
高德 高小德	斑马 小跟斑	菜鸟 菜小鸟	大麦 麦可疯	钉钉 钉三多
饿了么 饿小宝	飞猪 飞猪	盒马 盒马先生	Lazada Lazzie	灵犀互娱 灵小犀
瓴羊 瓴小羊	橙狮体育 橙小狮	平头哥 平三勇	夸克 夸克宝宝	书旗 书小旗
淘宝 淘小宝	淘票票 票票	天猫 猫天天	UC UU	闲鱼 闲鱼
优酷 侯三迷	1688 牛元源			

除了天猫之外，中国的其他电商平台也使用动物作为形象：京东—狗[1]，苏宁易购—狮子，国美—老虎。

相信大家对腾讯的企鹅和美团的袋鼠也不陌生：

互联网使用动物形象的还不止大厂和电商平台，在很多其他细分领域也是如此。如旅游业：携程的海豚、去哪儿的骆驼、飞猪、途牛、艺龙、马蜂窝、同程的小丑鱼、驴妈妈等。

同样，在直播领域，我们看到了斗鱼网、熊猫TV和映客的猫头鹰。

除了动物，公司名称和logo还扩展到植物形象：百合、番茄、豌豆荚、梨、蘑菇、柚子、辣椒、坚果、荔枝、西瓜，甚至瓜子。

---

[1] 京东在印度尼西亚拓展业务时，因为伊斯兰对狗的忌讳而把形象换成了羊。

出现这种情况有不同的原因分析。一种观点认为，动物名称和形象更容易被大众记住和传播。也有人说，由于中国的早期创业者很多都是开发者，他们熟悉的全球性的平台也都使用动物（Firefox—狐狸、Linux—企鹅、GitHub—猫）。

股价飙升，Shopee借机加速发展：

1. 进驻拉美、欧洲的波兰、法国、西班牙，以及印度等市场；

2. 通过Shopee Express对物流配套进行了大量投资，建立自己的物流履约平台；

3. 增加了直播等更多功能；

4. 2020年，将其数字金融服务产品正式纳入子公司Sea Money：提供支付服务、消费信贷、保险和其他非银行金融服务；

5. 在新加坡和马来西亚申请获得了数字银行执照，并在印度尼西亚和菲律宾收购银行和保险公司；

6. 2021年，Shopee将之前收购的越南外卖平台Foody Now更名为Shopee Food，并在印度尼西亚、马来西亚和泰国也推出外卖服务；

7. 同年，收购香港投资公司Composite Capital，并更名为Sea Capital。

2021年9月，冬海以每股318美元的价格增发股票和可转换债券，募资60多亿美元。据知情人士透露，当时的市场非常看涨，增发的产品两天之内被认购完成。

在那年的一次路演中，有投资者问冬海为什么需要这么多现金。公司相关负责人的回答大概是这样的：*市场机会巨大，竞争对手太弱，我们比你们（投资者）更懂业务增长，为什么不呢？*

不过，投资者甚至一些内部高管，也有不同意见。虽然许多人喜欢公司的高速增长和兜里股票的增值，但也有人认为公司在同一时间做了太多的事情，会力不从心。

随着疫情结束，世界各地的消费者们重返线下，*Free Fire* 的热度逐渐减弱。Garena没有推出新的热门游戏，快速发展的消费金融业务的利润短期内不能够满足Shopee拓展所需要的资金，冬海需要继续利用资本市场。

但逐利资本永远更擅长的是火上浇油而不是雪中送炭。市场方向——变化上行周期的狂热变成了下行周期的神经紧张。与节节开城的好消息一样，坏消息的到来也十分迅猛：

1. 2022年1月，腾讯出售了冬海集团2.6%的股权，把持有的股份降到了20%以下。一个可能原因是地缘政治环境日益复杂，冬海努力减少外界对其和中国资本太紧密的印象。尽管出售后腾讯仍是最大股东，但市场信心还是受到了影响；

2. 2022年2月，印度将 *Free Fire* 认定为中国应用并禁用[1]。虽然印度市场对Garena整体营收的贡献微乎其微，但却有着最大的用户数。这一禁令让人怀疑已经在印度建立了用户基础的Shopee是否会成为下一个禁令目标；

3. 2022年3月初，Shopee关闭了推出不到四个月的法国业务[2]。

---

[1] 冬海本质上是一家新加坡的公司，和中国公司把注册地换成新加坡还不一样。新加坡政府为此也和印度当局交涉过，然而无济于事。

[2] 后来Shopee又陆续关闭了欧洲其他市场，退出印度，并停止在拉美西语国家的本土电商（只留下跨境）。在疫情中新开拓的电商市场全部退出，只留下了疫情之前就已经进入的巴西市场。

这一切的背景是美国通胀高企、紧缩货币政策预期和刚刚开始的俄罗斯与乌克兰战争。大环境因素让成长股大幅下跌。冬海在新兴市场的主要竞争对手 Grab、阿里巴巴、美客多（Mercado Libre）、Allegro 和 Delivery Hero，也都出现了市值的大幅缩水。

尽管冬海之前也经历过许多充满挑战和不确定性的困难局面，但这次不同。目前，公司规模已经很大，3 万多名员工，业务遍及十几个国家。员工的期望值也更高（许多新员工的股票和期权报酬折价就在 300 美元以上）。因此领导层、整个组织和员工都面临着更大的挑战。

让我们再详细地解释一下这些方面，就可以知道冬海与许多中国科技巨头的相似和不同之处。

领导力和战略

每次冬海发布财报时，很多投资者和分析师都会问这样的问题："冯陟旻未来会离开公司吗？"

可以想像冯陟旻在建立和引导公司发展方面发挥着至关重要的作用。

作为集团的非创始人，冯陟旻的股份相比起他的地位和所处的作用而言算有限。然而，人们不应该认为他有理由离开去做其他事情。毕竟他担任着这么重要的职位，在这样规模的企业，还有创始人这般的信任？

冯陟旻创立了 Shopee（他现在仍然是 Shopee 的掌舵人），随后他又担任与 Shopee 业务密切相关的数字金融业务 Sea Money 的 CEO。他是一位战略思想家，但同时也非常注重实操和细节——许多重要的高管都直接向他汇报，而没有层层嵌套。他会亲自迅速做决策，细致到如何开展一次购物节广告活动。

随着业务越发复杂，想必冯陟旻一定十分辛苦。即使有许多能力出众、经验丰富的技术高管加入他的团队，他仍然需要花精力处理集团所需的无数决策。

创始人李小冬和叶刚非常了解这一点，所以他们为冯陟旻创造了一个可以专注于业务建设的环境。任何与投资者关系、政府关系、执照和社会责任有关的事情都由集团负责，为冯陟旻在电商和数字金融服务领域专注业务运营扫清障碍。

这一安排效果良好。2021 年 Q4，冯陟旻被任命为集团总裁，这既是对他个人重要性的认可，也是向市场发出的一个信号，表明他不会离开集团。

冯陟旻的成长经历或许与京东创始人刘强东有些相似。两人都出生在苏北农村，冯陟旻的家乡盱眙离相距刘强东的宿迁老家仅一个多小时的车程。但是在冯陟旻获得新加坡国立大学奖学金，赴新加坡学习计算机科学后，他们走上了不同的道路。

大学毕业后在麦肯锡工作的七年里，冯陟旻曾到德国和巴西等地参与客户项目，之后又加入了 Rocket Internet 的亚洲电商创始团队。如上所述，该团队最终发展成为两个独立的企业：综合电商平台 Lazada 和时尚电商平台 Zalora。

冯陟旻最初主要负责 Zalora 的启动和采购，后来他转到 Lazada，负责监督所有品类所有国家的采购和直接供应商管理（而不是像很多媒体理解的跨境业务）。

回到 2012—2014 年，Rocket Internet 是在包括东南亚的新兴市场中最舍得砸钱投资的互联网公司。它看准并纳入了一大批有想法的科技互联网人才。本书作者之一也在此期间在 Rocket Internet 工作过两年，对高速烧钱的刺激和肾上腺素记忆犹新。和冯陟旻类似，2011 年，印度尼西亚人纳迪姆·马卡林（Nadiem Makarim）从麦肯锡离职，接管了 Zalora 的部分工作。后来，他创建了印度尼西亚估值最高的互联网公司 Gojek，业务涵盖出行、外卖和数字金融服务。这家公司是 Grab 在印度尼西亚的主要竞争对手。

冯陟旻在 Rocket 工作了两年后，决定转入 Garena，创建 Garena Mobile。他带走了一些麦肯锡和 Lazada 的旧部下，其中的一些人至今仍在和他密切合作。

尽管 Shopee 取得了一个又一个里程碑式的发展成就，冯陟旻有自己的专注点。他热衷于阅读中国历史（和我们在前几章中提到的许多中国创业者一样），知道过度扩张会带来的战略挑战，也懂得应该在快速增长和战略深度之间取得平衡。

跨境

在管理 Shopee 的成长过程中，冯陟旻看到了中国的供应链优势，中国生产的数百万种不同类型的消费品可为电商提供丰富选择。Shopee 早期的首要工作量实际上是采购商品和招商卖家。为此，Shopee 在中国建立了一支庞大的卖家团队，并与物流、支付合作伙伴开展合作。

最重要的是：许多卖家在 Shopee 找到他们时，就已经在亚马逊、阿里速卖通、Allegro 和 Lazada 等平台上跨境销售（有趣的是，亚马逊、速卖通和 Allegro 都是 Shopee 在波兰市场的主要竞争对手）。这些卖家有足够的经验，Shopee 省下了培训他们的成本。

在 Shopee 进驻的新市场中，来自中国跨境商户（还有后来的韩国）提供的丰富商品选择品类往往是吸引消费者的第一波因素[1]。

包邮政策

跨境卖家为消费者提供丰富的产品选择，还有免运费（包邮）、折扣和闪购活动。这些在中国早被证实行之有效的策略迅速帮助 Shopee 在新市场站稳脚跟。

---

[1] 冬海的管理层在与东南亚各国政商长期打交道的过程中对关系理解还是很深刻的，知道好几个国家尤其是印度尼西亚对于跨境电商不友好——因为支持本国的中小企业是政府的一大目标。而跨境电商直接接触到消费者的话，会对本国的贸易和零售业的中小企业产生很大冲击。因此，后来 Shopee 逐步开始限制直接 2C 的跨境电商在平台交易额中的占比，要求更多的商家在本地注册，从本地发货。

免运费最简单，也是对消费者最有力的营销信息。淘宝早期推行的著名的"江浙沪包邮区"，在长江三角洲地区作用巨大——这里作为中国最富裕的地区，总人口也达到了 1.74 亿。

然而，包邮政策的成本很高。平台基本要补贴消费者的每一笔订单。许多投资者和竞争对手在早期对 Shopee 的战略不屑一顾，就是因为认为这项政策持续不了多久。

冯陟旻和他的团队坚持了下来。他们知道，免运费为他们提供了一条通往数百万在线消费者的捷径。这些消费者可以吸引卖家，卖家提供的更好的商品反过来又吸引了更多的消费者。规模化可以降低运营、物流和支付方面的成本，从而使整个平台更具竞争力。

在某种程度上，这与亚马逊的飞轮有异曲同工之妙（见图 9.1）。

图 9.1 Amazon 的飞轮

而且，平台在起量之后包邮的成本还可以转嫁给商家。

女性是最重要的消费者

Shopee 也认识到，要想在电商竞争中获胜，吸引年轻用户和女性用户至关重要。其许多游戏化功能、商品种类选择和促销活动都针对这一特定人群。这个策略在中国电商中尽人皆知。在 Shopee 的主要品类中，家居生活、女性时尚、美容及化妆品占据了总销售额的三分之一以上。

这三个类别有几个共同点：购买者主要是女性、有足够的利润率、来自中国的供应链有明显优势。这些都对应了 Shopee 产品策略中的关键决策——提供什么、针对谁、如何运营和成长。

流量、数据、变现

在实践中，Shopee 的战略与淘宝相似，优先考虑更大量的大众客户和订单，而不是高端消费者。

许多投资者、分析师和竞争对手会对此困惑，但如果密切关注或经历过中国消费科技的增长，对这种策略就很熟悉了。

"要理解这些年来中国消费科技的增长，你首先需要了解这个词：流量"，一位功成身退的国内互联网创始人这样告诉我们。这个策略的基础是，一个大型平台从频繁、低价值的交易开始，占据主导地位，吸引和保留用户并且形成配套基础设施的规模优势，然后在此基础上构建高价值、低频次的交易来实现盈利。"在中国，反过来不奏效"他说。

阿里巴巴最初以低价值、高频次的淘宝启动消费电商，获得了巨大的交易量，然后拆分出天猫作为单独的品牌，天猫针对更高端、品牌化的购买，以此来盈利。

同样地，美团利用低价值、低利润但高频次的外卖业务来实现交易量，并通过高价值、较低频次的旅游和广告等业务来盈利。中国其他成功的大型消费科技平台都采用了类似的策略。

同时，从高频交易转到低频的逻辑也适用于电商（淘宝）、打车和外卖之外的其他领域，如社交和内容平台（微信、抖音）、支付（支付宝）等。

与许多其他市场的竞争对手不同，Shopee尤其对这个战略贯彻得特别好。2017年，Lazada的一位高管说过，Shopee的客户都是寻求买便宜货的人，不值得追求；拉美的Mercado Libre在2021年也有同样的想法。

为什么竞争对手没有反应？

紧密关注中国科技的投资者和分析师会疑惑："这些战略对我们来说似乎都是常识，为什么Shopee的竞争对手不采取相应的行动来应对Shopee的增长呢？"

首先，并不一定每个人都知道这个策略。人们仍在争论，企业在中国取得成功是基于这个特定国家（毕竟中国在许多方面都是独一无二的），还是广泛适用于其他新兴市场？我们采访过一位Shopee竞争对手的高管，他就对这一策略不屑一顾。

这其中不乏一些道理。虽然东南亚、巴西和波兰的消费者对这些增长策略反应良好，但法国的消费者对此策略反应就明显比较冷漠。在其他市场有吸引力的折扣活动很难成功让他们下单。这导致实际获客成本就非常高了——这应该是Shopee在2022年3月仅仅进入法国四个月后就撤出市场的一个主要原因。

但其实到了2021年，Shopee的策略在东南亚大多国家很明显都成功了。竞争对手是重视Shopee的，但他们要么就是不相信Shopee的策略，要么没能足够果断地做出回应。

一个例子是之前提到过的Carousell，他们一开始没想好是专注于广告还是通过收取平台佣金来完成交易闭环。而 Shopee 在印度尼西亚的最大竞争对手 Tokopedia 最初则是对 Shopee 的跨境业务犹豫，企业内部长时间争论是否也应该启动跨境业务。因为他倡导支持印度尼西亚中小企业，不看好向中国卖家开放。

那么来到东南亚运营的阿里巴巴子公司 Lazada 和速卖通呢？淘宝本身都是用这一策略成长起来的，他们总该理解并赞赏这一策略吧？

他们确实理解。然而，对他们来说有些其他的问题。如前几章提到，Lazada 和速卖通的组织架构和决策流程复杂，阻碍了他们行动的速度：就算他们意识到了 Shopee 的扩张，有着更好的技术、运营经验和专业知识，也无法保证及时和成功执行。

后来者的优势

Shopee 的另一个关键优势也与我们通常认识的不同。我们一直说在高度竞争的市场中先行者有优势。然而 Shopee，至少在东南亚，在很大程度上是一名后来者。

2016 年，当 Shopee 在东南亚加速发展时，Lazada 已经存在了 4 年；当 ShopeePay 在 2019 年年底开始在印度尼西亚积极扩张时，至少有 3 个其他移动支付已经在价格补贴战中激烈竞争好几个月——蚂蚁集团的合资公司 Dana、两大平台 Grab 和 Tokopedia 联合控制的 OVO，以及 Gojek 的 GoPay。Shopee Food 在 2021 年进入印度尼西亚时，Gojek 和 Grab 的外卖业务已形成双垄断。更不用说跑去波兰挑战 Allegro，在拉丁美洲挑战 Mercado Libre。

Shopee 要怎么做到这一切呢？

第一，虽然进入市场的时间至关重要，不是只有先行者有优势。在 Shopee 进入的市场中，我们经常看到：早期玩家花费了资本、时间和精力去培训卖家、买家、生态系统的合作伙伴，还有自己的员工；第二，市场尚未被完全渗透。换句话说，市场潜力尚未被完全挖掘，这些早期玩家还未能巩固市场领导地位并建起品牌护城河。

Shopee 就在这时入市：他们吸引已经受过教育的卖家和客户，挖走有经验的竞争对手的高管，利用已有的基础设施。在所有这些领域，你只需要通过仔细观察竞争对手的错误和弱点，胜过竞争对手。

然后就是快速增长阶段。这一策略在许多东南亚国家的各个业务领域为他们带来了非常好的效果，使他们能够快速反超，而竞争对手则因为早期市场在教育上的花费而筋疲力尽。

正如我们在第 7 章"产品"中提到的，我们强调先行者的风险。段永平的"敢为天下后"很好地总结了这一点。

领导时机和优先级

领导层决策是公司能否享受到后来者优势的关键，比如冯陟旻就对时机和优先级有清晰的认识。作为一个拥有多条业务线的大型组织，Shopee 在做和能做的事情很多。

然而，资源和核心领导人的思考空间总是有限的。你能做的不意味着你都应该做，你应该做的不意味着你现在就应该做。东南亚、中国乃至其他地区的许多公司都经常在错误的时间关注正确的事。

我们从 Shopee 内部人士那里听说，当他的下属提出要解决某一个问题或构建某一项新功能的计划时，冯陟旻的反应常常是"现在该做这件事情吗？"

"他总能剖析复杂的问题，然后确定它们是否应该被优先处理还是留到后期阶段。"我们采访的一位前 Shopee 高管告诉我们。

如果你跟随 Shopee 的产品逻辑，你会知道：Shopee 没有一次性在做所有东西，而是在许多领域逐步建立自己的能力圈：支付、数字贷款、外卖、生鲜杂货、物流等，而后只在时机正确时才加大力度推进它们。

另一个问题是人们的认知。在 Shopee 或者说整个冬海集团发展的各个阶段，许多员工都会说公司有问题，提出的很多改进建议会被忽视。通过近五年来对 Shopee 的密切观察，我们感觉很多建议虽然是有意义的，但不是集团在那段时间的焦点，所以才被搁置。领导层的时间和精力，以及集团的资金和资源，会向其他短期和长期都回报率更高的领域倾斜。

这一点，虽然对领导层来说很清楚，但是对于特定岗位的员工来说可能不那么明显。那些理解这一逻辑的人会留在公司，而不理解的人就选择离开。

人、组织和产品

除了之前所说的领导力和战略决策之外，我们进一步应用 POP-Leadership 框架来讨论人员、组织和产品，这些因素共同描绘了冬海集团和 Shopee 过去的增长和当前面对的挑战。

早期

与我们之前提到的阿里巴巴和中国其他科技企业成功的案例相似，Garena 的早期员工并不一定是市场上最优秀的。比起选择未来走势尚不确定的 Garena，当年在新加坡优秀的人才会优先选择加入银行、咨询公司甚至半导体公司。Garena 早期的员工大多是在东南亚的中国毕业生，他们要么对游戏充满热情，要么英语说得不够好，没通过银行或咨询公司的面试。

与阿里巴巴相似，虽然可能没那么戏剧性，早期 Garena 员工也有他们的故事：当时的公司规模小到整个团队可以在新加坡河上的一艘游船里团建；团队有趣，也有压力：联合创始人会周末来敲你家门，拉你出去修复服务器问题。许多人因为有更好的机会而离开了公司，他们也在多年后为此后悔。

随着 Garena 日益盈利，对人才的吸引力也越发提高。当公司在新加坡政府指定的科技新区纬壹（One North）开设新总部时，甚至向员工提供无限量的小吃、午睡舱和常驻按摩师。这是中国科技公司常用的吸引和激励工程人才的手段，让他们能一天工作 14～16 小时。在当时的新加坡，只有苹果和谷歌这样的美国科技公司提供餐饮，但他们在当地招聘的几乎都不是技术人员。

Shopee 的组织架构和员工

Shopee 的公司文化深受冯陟旻的影响。沟通直接，决策迅速，高管们注重实事而非表面呈现，这使公司运行很高效。但对于一些有着不同的期望、习惯于其他沟通方式、有经验的企业高管来说，就是一种需要重新适应的文化了。

尽管决策链路非常清晰，但公司也意识到对高管的期望和对基层员工是不同的。Shopee 在拥有各种文化的东南亚市场运营，在各地的基层人员还是会依赖当地人，和竞争对手能够找到的员工没有什么差别。

为了胜过对手公司，它在管理层上需要雇用能力强且有驱动力的高管，灵活地适应当地市场，同时能有效地利用区域团队的知识和资源。

长期以来，冯陟旻和他的主要副手冯时钦（Terence Pang）花时间亲自在关键市场指导团队并拓展业务。其他的区域高管也被要求在目标市场地面上花足够的时间，直接感受消费者的需求，并依据自己对市场的体验和感觉来做决策。

同时，一群年轻的本土高管逐步晋升，承担越来越多的责任。例如，来自印度尼西亚的华裔 Christin Djuarto，在新加坡南洋理工大学毕业并在 Garena 工作 3 年后转到 Shopee，成为执行董事并管理 Shopee 最大的市场。

一些长期做副手的员工有机会转去开发新市场。例如，之前在中国深圳担任跨境业务负责人的刘江宏，转去领导墨西哥站的运营；而之前领导 Shopee 越南站的 Pine Kyaw，被任命为执行董事，携同一群其他从亚洲派遣过去的高管，领导巴西业务。

当 Shopee 推出数字金融服务，包括 Shopee Pay 及消费者信贷时，一度找不到合适的管理层。2019 年起，中国国内消费信贷监管环境的变化让一些经验丰富的高管出来加入了 Shopee。其中的一些人之前曾领导过非常大规模的业务；如果不是因为大环境的变化，他们不会在那个时间点选择去东南亚。而选择去东南亚之后，Shopee 本身核心管理层的中国背景又使得他们很容易适应环境。

在把这些人聚集在一起的过程中冯陟旻本人至关重要，他平衡了宏观战略和每个人的具体感受。批评者指责他管理过于细致，而那些留下来的人会觉得，来自他的挑战既刺激又有益。所以 Shopee 才有了今天的核心团队——虽然每个人的能力和认知未必是最强的，但是聚在一起能打，而且在 2022 年最困难的时候也没有散掉。

成长过程中的挑战

业务开展顺风顺水时，大家都夸赞企业的高效与成果；然而一旦形势逆转，外界的评价也迅速转变。紧跟互联网大厂近年趋势的人都明白，我们正处于一个复杂微妙的世界，经济环境、政策、社会预期及地缘政治的暗流纷杂交织。

Shopee 作为有跨大洲跨文化背景的公司，虽然努力维持着内部文化与沟通的一致性及高效性，却也难以完全避免这些问题。社会期望 Shopee 担起与其规模与影响力相匹配的社会责任。集团给了 Shopee 在政府关系、执照等层面很多支持，但仍不足帮助它完全免受影响。

这些挑战可能非冯陟旻所愿，但他确实能在适当的时机比较精准识别优先事项。只在时机正确，问题确实需要被解决时，才着手解决问题。

Shopee 借助着疫情期间资本市场火热的时机，迅速拓展到全球。然而，他们也面临随之而来的各种挑战，尤其是资本市场在 2022 年美国加息周期开始的快速转向。

若是能妥善应对这些挑战，公司不仅能够培养出更有驱动力的高管，还能作为全球电商与数字金融服务的强势玩家展望更广阔的未来[①]。

产品和更多

很多消费者会质疑：为什么要用 Shopee？他的产品又不是市场上最好的。

实际上，就许多细节而言，Shopee 仍落后于 Lazada。比如 Shopee 的搜索结果经常出现不相关的商品——在 2021 年年底，搜索螺栓和螺母，应该只显示五金类商品，但在 Shopee 中却可能出现开心果和杏仁。同样，Shopee Pay 目前的使用体验也比不上 Grab 的 Grab Pay。

然而，似乎 Shopee 的管理层觉得这些问题可能到现在（2022 年初）为止都不是关键问题。Shopee 的主要关注点一直是年轻人、城市和大众消费者，而更复杂、要求更高和年龄较大的客户则是下一个阶段的目标。

比起找到低价和性价比，Shopee 的目标受众是否真的那么关心搜索结果的 100%准确性？

Shopee 另一个战略重点是构建庞大的产品经理团队。与主要竞争对手 Lazada

[①] 在 2022 年到 2023 年上半年，Shopee 不仅从几乎所有新市场撤出，也通过裁员等途径大幅度降低了成本。公司的转向比较突然，做法也比较粗糙，比如一位新员工在带着家人和自己的宠物狗刚降落新加坡准备入职就接到人力资源的电话说职位被取消了。这些引起了舆论的注意，也一定程度上影响了 Shopee 内部的一些士气。管理层从中应该获取了一些教训，对以后的类似情况的处理希望会更专业。

相比，后者许多产品经理拥有多年在阿里巴巴工作的经验，Shopee 的产品经理团队相对来说还是新手。

Shopee 用大量产品经理的人海战术来弥补这个不足，冯陟旻对产品细节密切关注。一位熟悉 Lazada 和 Shopee 这两家公司产品管理流程的朋友告诉我们，通常一个 Lazada 的产品经理的绝对产出可能是 Shopee 同事的 4~5 倍；然而，通过人数多和简化的指挥结构，Shopee 能够弥补这一不足[①]。

关于 Shopee 最终的思考

还记得我们在本章开头提到的一位驻圣保罗的中国科技企业高管的话吗？"Shopee 对巴西员工的管理比我所见过的所有中国互联网公司都要高效。"

现在，他的理由应该相当明显了。Shopee 能够在各种新兴市场中运用电商和数字金融服务的先进经验。他们从中国吸取了宏观战略、商业模式和运营模式。同时，相对于来自中国的竞争对手，他们能够更加灵活地根据当地市场的发展阶段挖掘真实需求。因为本质上，Shopee 是一家起家的时候就在多文化的环境中拓展和运营的公司，而且作为一个区域，东南亚内部的文化差异比拉丁美洲更大。所以在跨文化管理这一个维度上，Shopee 与中国本土电商玩家竞争时处于更有利的位置。

投资者担心的问题在于，Shopee 是否能在市场规模和份额持续增长的同时盈利。在撰写本书时，投资者相对谨慎，一些人认为电商市场已经被充分渗透，未

---

① 在 Shopee 于 2022 年执行的战略收缩中，某种程度上员工在内部产品技术和运营会有一些不同意见。很多运营的人会认为 Shopee 在资本高峰期投入了大量的人力并且雇用了业内不少经验丰富的专家来拓展自己的产品技术，但并没有有效显现到结果中——Shopee 的成绩还是由总部和各个国家的运营辛辛苦苦抠出来的。

来的增长机会有限；而另一些人则相信，新兴市场的电商消费增长过程不明确，利润也不好说。

我们的意见是第三种——Shopee 当前的领导力、人员、组织和产品都处于东南亚电商的领衔位置。如果冯陟旻仍然掌舵，公司的执行力和学习能力应该给投资者带来信心。除非这个市场上出现外来的比 Shopee 在各个维度都更加优秀的竞争对手[①]。

全球扩张可能解锁更多潜在市场，但同时也有巨大的风险。Shopee 能否有效地进行全球扩张，将为任何一个想要全球化的公司，科技公司也好非科技公司也好，提供一个极其有用的研究案例。

极兔快递

Shopee 并不是唯一一个在全球范围内吸取中国电商经验的公司。2015 年在印度尼西亚成立的极兔快递（J&T Express）目前已成为中国最大的快递公司之一，在竞争激烈的中国物流市场占据接近 20%的市场份额。截至撰写本书英文原版时，极兔正在全球市场上积极扩张，包括巴西和墨西哥、北美、欧洲及中东市场。

极兔快递是由中国商人李杰创立的，他在创立物流公司之前，曾多年在印

---

① 在撰写本书的 2021 年，抖音电商的海外版 TikTok Shop 已经开始了在印度尼西亚的尝试。当时包括 Shopee 在内的所有人应该都没有太在意 TikTok Shop 的威胁——很可能认为只是 TikTok 为了变现自己流量的一种尝试。毕竟，字节跳动的高层在初到东南亚时曾经拜访过 Shopee 请教市场经验，据说在那次拜访时说过电商不会是自己的重点。
而到 2024 年，事情已经发生了很大的变化。TikTok Shop 已经超过 Lazada 成为东南亚第二大的电商平台。其数据决策/运营效率和现金流丰富的国内业务都远非 Shopee 可以比拟的。如果 TikTok Shop 持续进步而且在过程中不犯大错误的话，对 Shopee 来说会形成很大的竞争压力。

度尼西亚分销 Oppo 智能手机。他和他的团队通过与分销商、经销商及大大小小在印度尼西亚岛屿上的零售商合作，积累了关于印度尼西亚市场宝贵的经验和知识。

成立一家电商物流公司算是一个自然的延伸——电商蓬勃发展，而现有的物流服务似乎都做得不够好。从成立初期，极兔就从中国快递公司如顺丰快递的商业模式和运营系统中学习，甚至聘请了一些前顺丰的高管来帮助建立自己的系统、流程和人力管理办法。

再加上极兔对市场的深入理解、领导层对印度尼西亚市场的付出，以及管理大型本地员工队伍的能力，各种因素创造了极兔的成功。关键的是，极兔还利用了 Shopee 的崛起，为这个电商平台提供其他公司无法比拟的物流规模和服务水平。

许多人问我们，极兔和 Shopee 除了在物流上合作外是否还有更深层的关系。我们感觉他们只是纯粹的商业关系。他们都有中国基因，都渴望快速增长，相互合作成就各自只是自然而然的事。Shopee 最近迅速拓展自营的、和极兔竞争的物流服务 Shopee Express，也表明了 Shopee 和极兔合作关系是基于纯商业的考量。

极兔很快就成为了印度尼西亚最大的快递公司。通过 Oppo 经销商体系建立起来的加盟网络，它迅速扩展到了东南亚其他地区。然而，其最大胆的举动是在 2020 年在中国市场正式起网，对全球红海的快递市场发起攻势，当时中国市场已经被顺丰快递和五家获得阿里巴巴投资的公司[1]所主导。竞争激烈，主营电商的玩家利润微薄。

但是极兔的时机恰到好处。因为顺丰快递专注于更高端的细分市场，而其他几家公司都获得了阿里巴巴的投资并和阿里巴巴旗下的物流网络菜鸟紧密合作，快速崛起的挑战者拼多多正需要一个可靠的合作伙伴。

因此，和 Shopee 在东南亚的合作伙伴方式很快在中国得到复制，极兔快递业

---

[1] 即所谓的"四通一达"，包括申通快递、圆通速递、中通快递、百世汇通、韵达快递。有趣的是，这几家公司的创始人都来自浙江桐庐县。

务量在这个广阔的市场中得以迅速增长。

另一个被复制的经验是，继续依赖 Oppo 的合作伙伴和分销商网络，极兔迅速扩大其加盟网络。

在启动 1 年后，极兔在中国的日配送量已超过 2 000 万个包裹[①]。

现在，随着 Shopee 大举投资拉丁美洲，极兔业务也扩展到了巴西和墨西哥。极兔进入的其他市场包括中东——公司正迅速基于其末端物流派送核心构建一个生态系统[②]。

中国市场以外的飞轮

冬海集团和极兔快递展现出与中国主要科技公司相同的 POP-Leadership 特质。两家都成功地采纳了中国的商业模式、经验和领导实践于新兴市场。

一位在一个大型新兴市场工作、与许多中国互联网公司合作过的朋友分享道："这两家公司加上 Lalamove（货拉拉海外版），与我们所见过的中国公司感觉就是不同。"他说的关键区别是，"他们似乎能够很好地管理他们在海外市场的本地组织和人员，这是中国公司通常觉得困难的地方。"

这正好触及我们在领导力、人和组织章节中讨论的要点。如果这些公司最早完全在中国发家，他们可能无法这么快适应其他市场。

就极兔而言，如果它们最早在中国创立，可能甚至都无法生存下来或说服投

[①] 在 2024 年第一季度，极兔在中国市场的日包裹量达到了 4 330 万，远远超过了其在东南亚市场的 1 130 万。

[②] 在疫情中，极兔曾经一度想要覆盖包括国际物流货代等全链路物流。不过，货代行业竞争激烈，后来极兔决定还是专注在自己最擅长最有优势的末端物流。在国内市场极兔收购了百世物流。

资者给予他们投资。回想第 8 章提到的社区团购创业公司的命运——如果极兔出生于中国，面对凶悍的"四通一达"并没有任何先天的优势。但是，在印度尼西亚和东南亚的几年让其证明了自己的能力，打败了（比中国对手）弱的本地竞争对手，从而在回到中国市场时已经有了东南亚的基本盘。

随着商业模式、想法和人才跨境溢出，未来会有更多这样的公司出现。未来这样的公司在全球舞台上可能成为一支重要的力量。

第 10 章

海外本土连点成面

外卷：中国互联网巨头的全球征途
Seeing the Unseen Behind Chinese Tech Giants' Global Venturing

前几章主要从中国互联网企业的角度出发，而在本章中，我们将视角转向海外国家的本土企业，了解中国互联网企业的投资和在全球范围内对外部溢出的影响力。

一方面，海外当地的监管机构和政商社群可能会担心中国企业用更强大的技术、更多的资本、品牌和人力挤压本地企业；另一方面，他们不应该忽略这些中国企业在海外投资也会传播知识技术，改善当地基础设施，带来积极的效应。

目前，我们看到越来越多的中国企业走出国内市场。虽然许多企业在全球拓展中遇到很多问题和挑战，但它们的进入为当地创造了新的机遇。

这些中国企业对海外的本土企业有何影响？如何在本国市场复制中国的商业模式？它们的运营和应用范围的有效性如何？作为本书的读者，怎样才能将这些问题联系起来，从中汲取与我们所有人都相关的经验教训？

在东南亚复制一个支付宝

2016年以来，蚂蚁集团在许多东南亚国家或投资或合资成立了电子钱包和移动支付公司。他们有比较明确的战略：蚂蚁集团提供电子支付的技术、产品和运营专业知识，帮助这些公司在竞争激烈的当地电子钱包和移动支付市场拔得头筹。

蚂蚁集团当时就意识到，在尤其是面向消费者的金融领域，他们很难独自在这些国家获得所需的执照并独立开展业务。任何监管机构都不会想让一个超大型的外国集团来控制本国的支付基础设施和数据。1997年亚洲的金融危机对东南亚监管机构而言记忆犹新。

所以蚂蚁集团的决定是跟当地的优质伙伴合作：比如泰国的正大（CP）集团、马来西亚的联昌（CIMB）银行、印度尼西亚的Emtek集团和菲律宾阿亚拉集团（Ayala Group）的子公司环球电信（Globe Telecom）（在第7章中讲过）。这些公司要么是他们国家里核心的财团之一，要么控制着移动支付系统中关键的重要基础设施。

蚂蚁集团的另一个可能的考量是：如果所有这些头部企业都使用蚂蚁集团的技术，他们就可以建立起一个类似于Visa或Mastercard的强大的跨境支付结算网络。

然而，有计划在东南亚扩张的中国巨头并不止蚂蚁集团一家。一直跟蚂蚁集团母公司阿里巴巴在国内电商市场竞争的京东很快也和泰国尚泰集团（Central Group）达成了合作，合作范围除了电商之外还包括数字金融服务，对标的是蚂蚁集团的泰国合作伙伴正大集团。

在中国国内蚂蚁集团旗下支付宝最大的竞争对手是腾讯的微信支付。图10.1显示，经过多年发展，支付宝和微信支付都演化成了超级应用程序，自己或者作为渠道提供很多数字金融服务。

腾讯最初曾经试图在马来西亚推出其微信钱包（并且获得了相关执照）。但也很快意识到合资企业或投资方式更有意义，例如，它支持了菲律宾环球电信公司的主要竞争对手菲律宾长途电信公司（PLDT）旗下的移动运营商 Smart 所推出的数字金融企业 Voyager。

支付宝和微信支付不仅仅提供金融服务
App上还有这些功能

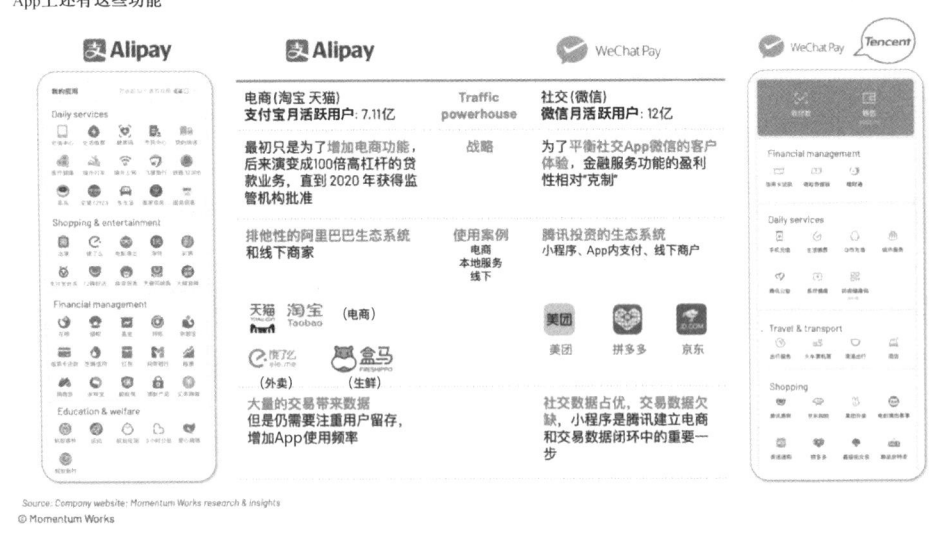

图 10.1　支付宝和微信支付

从 2016 年开始，看到支付宝和微信支付在中国取得的成功，东南亚地区许多其他的企业集团、科技公司、电信和媒体公司也陆续推出了自己的移动支付钱包。这里有几层考量，一来是看到普及下来的移动支付基础设施和用户触点所带来的巨大机会；二来尤其对很多东南亚传统的零售或者电信财团来说，战略防守（万一这个机会被竞争对手抓住了，岂不是很被动？）很重要。

我们曾经统计过，在东南亚活跃推广的电子钱包公司一度有 800 多个。图 10.2 列举了东南亚各类移动支付应用程序，可以看到竞争有多激烈，大家都想复制支付宝和微信支付的成功。

图 10.2　东南亚不同的移动支付和应用程序

所以结果怎么样呢？2016 年到现在，整个东南亚没有一个钱包能够达到微信和支付宝的覆盖和渗透率。中国国内主要城市的消费者都在用微信或者支付宝支付，你几乎看不到消费者在线下使用现金；而在东南亚，最成功的钱包公司活跃用户不到本国人口的 20%。

由于渗透率和交易量有限，收集到的数据就不足以让这些电子钱包复制蚂蚁集团或微信在消费信贷、保险和财富管理等其他数字金融服务领域的成功。

造成这种情况的原因很多。在中国，支付宝崛起时，银行和电信等公司都不具备创建一个类似的移动支付系统的场景和运营能力，于是很多商家选择了与蚂蚁集团合作。

东南亚情况不同。各路玩家们分头把控着零售、银行、电信和其他面向消费者的基础设施，这就形成了许多互相隔离的独立生态系统：它们可以迅速向自己的用户推出移动支付 App，但却很难像支付宝和微信一样渗透到其他领域并达到覆盖日常交易的方方面面。甚至有些大的传统家族财团由于内部不同的派系控制了不同的支付场景，即使在同一个品牌里互相之间也不愿意互联互通。

所以电子钱包需要调整自己的战略，并找到一条适应本地市场的路径，而不是纯粹照搬中国的经验。这也要求这些电子钱包的主要推动者（与第 9 章中提到的 Shopee 和极兔快递不同），先去了解中国经验的内在逻辑和所在的内外环境，分析自己国家市场在这些方面和中国的异同，然后再决定如何更好地适配中国的经验以在自己当下环境中发挥作用。

我们问过一位曾经担任过蚂蚁在东南亚一家合资钱包公司 CEO 的朋友，蚂蚁集团对他们来说真正的价值在哪里，他的回答非常有趣：

"与人们普遍认为的相反，蚂蚁集团庞大的产品和工程团队卓越的技术对我们来说并不是很有用。因为我们的实际情况和他们在中国所经历的完全不一样——这一点很容易被忽略，导致开发出的产品功能对我们的市场来说太过复杂。（蚂蚁集团的工程师们）老是想在一条泥路上开法拉利跑车。"

他补充道：

"但是我们发现战略、商业逻辑和产品排序方面的专业知识和经验非常有用。一开始有很多不同的路可以走，但如果要找出最佳路线，不在激烈的竞争环境中走弯路、走错路，浪费关键的时间，就要靠蚂蚁集团的专业知识让我们清楚地了解各种途径、可能性、先决条件和潜在的挑战和陷阱——我们是凭借这个成功有序地推出产品功能。"

这段话是很好地总结了其他市场的参与者利用中国经验与中国同行合作或竞争的方式。

社交电商

自 2016 年以来，东南亚一直在复制中国成功的科技商业模式。因为投资者相信东南亚地区和中国在地理、文化和历史方面都紧密联系，所以相比其他新兴市场可以很好地适应相同的商业模式。电子钱包和移动支付只是众多例子之一，电商、物流、本地服务、市场和其他领域中也都有人在尝试。

不仅是东南亚，全球范围内投资者和创业者都在努力从中国的商业模式中找灵感。印度虽然在 2020 年封禁了包括 TikTok 和微信在内的上百个中国 App，但印度创业者和互联网大公司的高管十分热衷于学习和使用中国商业模式和商业创新方法[1]。

世界各地的投资者和创业者都开始熟悉原创于中国的互联网行业黑话，比如：线下到线上（O2O）、消费者到制造商（C2M）和社交电商（Social Commerce）。

不过由于很多海外的朋友对中国互联网本质缺乏深刻的理解和有效的一手信息渠道，这些术语经常被行业研究者用错，甚至使用这些词的互联网公司也会用错。以社交电商为例，从印度的 Meesho 到巴西的 Facily 等一系列公司都在试图模仿包括拼多多在内的"社交电商"公司。

印度尼西亚可能是最激烈的战场，大量资金涌向了"社交电商"。但社交电商究竟是什么？它们在中国是怎么兴起的？在印度尼西亚成功又需要些什么？或者说，它们能在印度尼西亚成功吗？

要理解这一点，我们首先需要了解什么是社交电商。与中国的许多其他行业一样，电商生态系统复杂，其中有两个生态系统占据主导地位：阿里巴巴系统电商靠淘宝和天猫平台主导了货架电商市场[2]；腾讯依靠其微信系统的大量用户基础和其投资的京东、拼多多和美团等公司，构成了另外一个独立的生态系统。除了这两个之外，现在还有抖音系统电商，它让几亿成天刷短视频的用户分出一点时间和精力来消费（也让商家投入大量的广告成本来吸引这些用户）。

这些仅仅是平台方面——中国的电商公司生态系统还有服务商（包括流量服务商、代运营商、导购等），以及最重要的供应链。到目前为止，我们主要关

---

[1] 2023 年有一位印度主要互联网平台的高管在 INSEAD 进修时表示，其实她知道印度互联网市场的规模比中国小很多，但现有的体量也已经让他们无法从其他市场获得有效的经验："发展中国家的互联网市场只有中国的体量和模式创新能够给我们有很好的借鉴——我们还能去哪儿看呢？"

[2] 在本书英文版截稿的 2021 年底，阿里巴巴旗下的淘宝和天猫在中国平台电商市场 GMV 的份额已经从 2016 年的超过 80% 下降到了 55% 左右。到 2023 年底这个份额已经进一步下降到了不到 45%，凸显了新兴平台拼多多、抖音和快手带来的挑战。

注的都是大型互联网公司之间的竞争，但供应链、卖家和品牌之间的竞争其实更加激烈。

在阿里巴巴系统淘宝和天猫平台上，卖家和品牌可以通过阿里妈妈系统投放广告、打折、参加购物节和/或在直播间提供更多优惠等方式竞争。所以这些卖家和品牌的获客和渠道成本可能非常高，其中大量的玩家利润微薄——他们也在寻求能降本增效的突破口。

社交电商不失为一个阶段性的好方法——可以利用达人影响力和社交网络，用更低的成本获客和履约。

我们将社交电商分为4类模式，同时类比了国际舞台上对应的玩家：

- **内容平台**：博主或卖家在抖音、Tiktok、Instagram、Facebook等流行平台上提供内容，消费者可以直接在平台下单或是被导航到品牌网站；还有一个例子就是小红书上大量的美妆博主输出产品评价和推荐。
- **分销商模式**：社交或社区网络的成员通常通过社交媒体和聊天群组向其网络转售产品。中国的云集和印度的Meesho就是这种模式的典型代表。
- **社交团购**：买家通过社交媒体和聊天群分享购物信息后再以折扣价团购——比如"领导力"章节中我们讨论过的拼多多迅速崛起的故事。
- **社区团购**：社区团长聚集同一地理位置的一批买家一起团购，然后平台第二天发货给团长。这种模式一般销售的品类是新鲜农产品和快速消费品。我们在第8章提起过中国社区团购面临的激烈竞争。

虽然这些模式不同，但有一个共通点是都利用社交媒体和社区网络降低了获客和履约成本。

现在，我们来预测印度尼西亚的商业模式发展。在印度尼西亚，越来越多的参与者会采用不同的社交电商战略模式。在充分了解中国经验后，这些企业能否成功的根本问题将取决于几个因素：

- 我们相信印度尼西亚消费者的社交意识很强，但他们是否有意愿、工具和消费能力去支撑大型社交电商平台？比如微信在一个App里实现了朋友圈分享、物流下单追踪和支付，而印度尼西亚常用的社交工具 WhatsApp 和 Instagram 没有支付和物流功能，无法实现交易闭环——"摩擦力"巨大。

- 社交电商上各类商品的供应链和分销网络怎么样？以快速消费品为例，传统的分销网络已经非常成熟；整个价值链的利润已经很薄，因此社交电商即使能提升销量，也没有任何成本优势。同样，生鲜产品有高达 70%的毛利率，但问题在于供应端的不稳定，浪费是个大问题。传统的分销渠道依靠农民、分销商、卡车司机和最终零售商来分摊成本和损失，增强网络的整体抗风险能力；而对于分销更加有序的社交电商平台而言，他们可能需要直接承担所有损失。即使在中国，社区团购身背数百亿美元的投资，参与者们也尚未实现盈利。在东南亚"摩擦力"更大的市场，参与者需要提高运营效率——甚至比中国的平台更高。他们做得到么？

- 在印度尼西亚本土的 Shopee、Grab 和 Gojek 等大型互联网平台的立场是什么？在中国，有大型互联网平台参与的领域对初创企业来说普遍更困难，因为初创企业往往难以匹敌大型互联网平台的规模经济效应和更低的资本成本。对于大型科技公司来说，一个季度的亏损可以通过其他领域的增长或资本市场增发来弥补，而对于初创企业来说则是生死攸关的大事。

说到东南亚背景下的主要科技企业，我们还需要注意 TikTok 和 Shopee 等企业，它们要么是中国公司，要么深受中国公司经验的启发，不仅拥有更多的资源，而且有能力更深更快地内化和调整来自中国的成功策略和经验。

在撰写本书英文原版时，TikTok 一直在印度尼西亚尝试发展电商，不过因为生态系统尚未完善，TikTok 电商面临很多挑战：缺乏供给、没有成熟的博主和专业内容创作者[①]。Shopee 则通过加强自身的视频属性来应对 Tiktok 可能带来的竞争，同时也让卖家能在图文描述以外更好地展示产品。

---

① 相信这些要素的构建都是技术问题——取决于平台是否有足够的决心和耐心。

印度尼西亚的发展态势对全球范围内都可能产生影响，并影响到没有中国特殊的社会环境背景下的全球地区的电商发展方向。任何利益相关者都应密切关注他们的动态。

让这一切变得有意义

我们在本章中举了两个例子，一个说明了其他市场的参与如何利用中国的经验，另一个说明了在特定社交电商领域和印度尼西亚这个特定区域里，由中国经验引发的竞争如何能够产生全球性影响。

这些例子与我们在本书第二部分中讨论的"人、组织、产品、领导力"（POP-Leadership）方面的内容，以及代表全球华人在中国以外地区对中国模式进行成功适配的 Shopee 的经验结合起来，可以让我们完整地了解中国科技和互联网企业在全球市场的影响力。

我们还经常被问：来自中国或受到中国经验启发的全球互联网领域的投资人、合作伙伴、竞争者、员工甚至监管者，应该如何把这些经验应用到实际？

接下来，我们将尝试为不同类型的参与者提供一些基本的指导。

投资人

在这个瞬息万变的世界里，科技和互联网投资非常难。投资者不仅需要不断把握随时更新的行业动态，还要根据不完整的信息在极短的时间内做出决策。

现在有各种数据服务能让投资者很好地了解当前市场的动态——从市场份额的变动、消费者的反应到市场营销和促销效果。墨腾创投的洞察（Insights）团队也提供投资者服务，通过必要的实地考察和采访，帮助企业做出更明智的决策。通过与各种对冲基金和资本投资者的广泛交流我们认识到，虽然数据为分析和决策提供了良好的支持，但单纯依赖和分析数据也会产生误导性的结果。

尽管我们都在拿真实的市场数据说话，但还是有很多见解，外部投资者可能无法获得。数据尤其是数字主导的数据不会告诉我们科技公司是否能根据自己的观察采取行动，提供正确的领导，调动准确的人员，发展合适的组织结构，并不断调整产品适应持续变化的市场环境。

投资者还应该重点了解他们关注或投资的组织、领导这些组织的人员，以及组织的弱点和核心竞争力，将各点联系起来以便做出明智的投资决策。

这也适用于在全球市场上关注新创企业的风险投资人。中国及中国历史给我们提供了大量经验和教训，告诉我们哪里可能存在陷阱，以及哪些类型的领导力决定了企业的成功。

企业领导人

作为企业领导者，面对颠覆市场的商业模式，您应该如何有效应对？或者从根本上说，应该怎么选：是找合资机会、拓展自身业务，还是正面竞争？

现在你应该意识到，企业领导者在这里需要考虑的问题，与中国企业领导者在决定全球扩张时所面临的问题本质上非常相似——只不过是同一枚硬币的另一面。

中国互联网公司与成熟行业的企业不一样，他们不相信传统的咨询公司能深刻了解他们所面临的快速动态的变化，所以也无法提供最相关或最新的"实践"经验。

有一家大型互联网公司的主要部门领导告诉我们："我们不做传统意义上的战略规划，成熟行业公司或者咨询公司才做这种事。在一个每天都变的市场里看这些预测的数字又有什么用呢？"

他们的方法是自上而下，通过一系列非常粗糙的假设估算潜在的市场规模，然后为自己设定一个目标。一旦启动计划就只专注于解决沿途的问题。

试问你如何与具有这种心态和攻击性的人合作或竞争？

事实上，曾经有一家欧洲的大型电商集团在 Shopee 刚刚进入他们的市场时向我们提问："我们应该如何应对 Shopee？"

他们这样陈述自己的想法："如果我们按照他们的策略做，短时间内我们会损失惨重，而且也不知道能否以他们的玩法打败他们，能否支撑到他们资源耗尽、停止进攻的那一天；如果我们不作出反应，就像现在这样，眼看着他们一天天地蚕食我们的市场份额，不知道什么时候会停，会不会停。"

随着中国和受中国经验启发的互联网公司在全球范围内颠覆性进攻，并在此过程中不断学习和适应，类似的疑问会越来越多。

要找到这些问题的答案，首先必须深入了解这些中国公司，包括它们的战略、内在的商业和运营逻辑，以及它们的领导力。要了解这些公司，不是让领导层去参加战略课程或高强度研讨会，而是要让他们接触这些科技公司真实、深入的实例和案例研究。大多数公司的领导者都非常善于把这些点联系起来，他们要做的是只把正确的点联系起来。

有一点传统企业绝对可以向这些中国或受中国经验启发的互联网公司学习，那就是如何找到合适的人，激励他们，并使组织保持足够的灵活性，以适应变化。用阿里巴巴的话来说，就是"唯一不变的是变化"，也就是我们前面提到的要"拥抱变化"。这是领导者需要有意识建立的企业文化和组织心态，这样每当他们需要应对某些事情时，就不会被组织的惰性所拖累。

泰国的两家主要银行就是应对变革的一个很好的例子：暹罗商业银行（SCB）和开泰银行（Kasikorn Bank，简称 K Bank）。与市场上许多的传统贷款机构一样，这两家银行通过良好的线下业务、良好的品牌和庞大的资产基础获得了丰厚的利润。

但是蚂蚁集团投资正大集团发布的数字金融服务 AscendMoney 给两家银行敲响了警钟。在许多市场上，这两家银行的同行都在与内部组织的惰性和迟缓的战略决策作斗争以应对外来颠覆者，而这两家银行则表现出了非凡的领导力。他们首先了解了即将到来的危险，并积极的回应：强化了领导团队，重组了组织结构，积极吸纳顶尖人才，并尝试了从移动支付到数字贷款等一系列不同的数字金融服务产品。

不仅在其金融业务的核心领域，他们还通过投资、合资企业和自己的企业风投建设，积极将其领域扩展到外卖、数据分析甚至加密货币平台。截至 2022 年 3 月底，暹罗商业银行的风险投资组合 SCB10x 涵盖了 13 个国家的 51 家公司和 5 家自己孵化的子公司；不仅在东南亚，他们在中国也在投资许多风投基金，借此了解即将出现的商业模式，并迅速制定相应的战略。

创业者和企业家

几乎每一位互联网领域的创业者都能在中国找到参照物。中国领先的企业与他们的竞争对手及邻近行业中的企业进行了长期艰苦的斗争。

中国企业有许多特定业务模式演变的经验可以借鉴，包括对不同的机遇和挑战的考量，如何优化各业务部门以保持更强竞争力的运营。

此外，创业者还可以从本书中了解更有经验的中国同行的个人历程，以及他们在领导力、人员、组织和产品方面的思维和演变。

创业者需要从历史和革命领袖身上汲取经验教训，因为他们往往需要在信息不完善的情况下做出艰难的决定，推动企业发展，并应对前进道路上的情感和心理挑战。

监管机构

2020年，中国市场对蚂蚁集团的监管行动似乎早就该开始了，因为各监管机构对蚂蚁的业务领域，尤其是其消费贷款产品过高的杠杆率，早就表达过担忧。

值得注意的是，在P2P网络借贷、保险科技和其他金融科技领域，监管机构最初并没有制定明确的立场或执照颁发计划，但在该行业蓬勃发展的后期，监管机构开始对其进行打击。

中国的监管机构处境经常很艰难。大量科技和互联网相关的企业快速发展时，全球范围监管机构并没有一个真正的参照点来研究和制定相应的规则。事实上，这类企业的发展太过迅速，给监管机构带来了额外的挑战——如果他们一开始就把规则定得太死，就会扼杀创新；如果规则定得松弛，又可能让事态很快发展到失控的地步，不得不最终采取一刀切的监管行动以控制事态。对于许多监管机构来说，是否监管、何时监管及如何监管新兴科技企业都是一个艰难的抉择。

2021年，中国出现了更多的监管机制。在反垄断执法中，阿里巴巴、美团、腾讯都因为之前的违法行为被罚款过，包括不让平台上的商家与竞争对手平台合作，或合并子公司造成市场垄断地位；蚂蚁的各项业务都受到过审查，然后被施加相应的监管措施；集团层面转型为金融控股公司，监管对标银行；各种平台的数据安全和隐私都被认真审查，并采取相应的监管行动；监管部门也推出一项新计划，将利用数字平台谋生的个人（配送员、电商卖家等）划分为一类群体，并为其提供相应的社会保障。

虽然我们认为中国的监管措施实施较晚，但中国以外的监管机构可以从以下两个方面借鉴中国的经验：

- 了解科技和互联网行业在不受监管或监管不严的情况下如何发展——让本国监管机构能够尽早实施适当程度的制衡；

- 了解中国近期监管风暴背后的原因，比较中国与本国国情的差异，实施适合本国具体情况的最佳监管方案。

有了中国的这些丰富案例，其他地方的监管机构可以从中吸取教训，力争先发制人，最终更好地发挥平衡作用，促进科技和互联网创新的健康发展。

其他朋友

我们认识的许多在谷歌、Facebook（现更名为 Meta）和麦肯锡等国际公司工作的高管，都曾向中国或受中国经验启发的科技公司寻求潜在的工作机会。年轻人才经常看到自己的朋友和同学加入这些科技公司。

虽然 TikTok 这样的公司已经调整了自己的文化变得更加国际化、多元化，但大多数中国大型科技公司仍然有着其特殊的企业文化，因为这样的企业文化奠定了他们最初在中国成功的基础。外国员工，甚至是外籍华裔员工，在加入这些公司时往往会感到文化冲击——我们在第 5 章"人"中对此进行过深入讨论。

然而，我们都知道，要想在职业生涯中不断发展壮大，环境过于舒适是很危险的。为了获得长期的职业发展和个人财富积累的利益最大化，是否应该接受（或至少接触一些）中国企业中的不适或文化冲击？

最好的办法莫过于通过领导力、人员和组织来深入了解这些公司及它们的竞争对手。这将使我们有能力在有机会加入中国或受中国经验启发的科技公司时，做出明智的决定。企业也可以根据这个架构评估这些公司是否可以作为合作伙伴、客户或供应商。

归根结底，人生就是一项投资，可以通过一系列正确的决定，获得复利回报，并在同龄人中遥遥领先，而不希望适得其反。

小结

本章所讨论的内容是中国科技公司 POP-Leadership 的一些最明显但也是最重要的方面，科技生态系统中的读者理解这些内容后将受益匪浅。

由于科技生态系统仍在不断快速发展，因此您也必须不断发展和调整自己的理解能力。本书作者将持续关注科技生态系统发展的热点，我们欢迎读者与我们进行持续的讨论。我们将继续通过各种渠道分享其中的一些内容，感兴趣的读者可以关注墨腾创投的微信公众号：MomentumWorks。

第 11 章

全球市场的交互和碰撞

外卷：中国互联网巨头的全球征途
Seeing the Unseen Behind Chinese Tech Giants' Global Venturing

  虽然本书的开篇重点讲述的是中国科技和互联网公司的海外扩张，但这些公司并不是唯一在全球化趋势下寻求机遇的企业。事实上，阿里巴巴和腾讯等一些大型中国互联网公司能发展到今天如此的成功水平，要归功于二十多年前就开始在全球范围内寻求互联网领域机遇的先行者们。

  南非的 Naspers、日本的软银和德国的 Rocket Internet 都是那个时代关键的参与者。这些公司现在仍然活跃。现在，我们看到全球所有主要市场之间的商业模式、产品和运营专业知识，以及资本与人才的交流都在发生。

寻找全球互联网机遇的 3 位先锋

  中国几家互联网公司快速增长并创造奇迹。毋庸置疑，领导力、人才、组织和产品等所有这些因素在他们的发展进程中都发挥了至关重要的作用。然而，他们的发展历程并非一帆风顺，尤其是在早期阶段。如果没有早期先行者在寻找全球机遇时提供的资金、知识和人力资本，很难想象中国的互联网行业能有今天的成就。

Naspers 如何发现腾讯

2000 年接近尾声，马化腾的新产品 OICQ（后更名为 QQ）迅速走红，服务器成本也随之上升。据熟悉这段历史的人说，当时团队的 220 万美元天使投资已经快用完了，但全中国都没有人愿意再投资，因为"这个世界上没有人知道它是怎么赚钱的"。

当马化腾濒临绝望的时候，一位美国人高管大卫·沃勒斯坦（David Wallerstein，自己取中文名字"网大为"凸显了对互联网的执着）代表一家南非公司出现了，马化腾和他的团队之前都从未听说过这家公司。

沃勒斯坦说一口流利的普通话，当时他在南非媒体集团 Naspers 的投资子公司 MIH 工作。一次偶然的机会他发现了腾讯，因为他看到中国网吧里的年轻人桌面上都有 OICQ，许多向他找投资的企业创始人名片上也都印有 OICQ 号码。

MIH 很快达成了投资腾讯的协议，并获得了腾讯 46.5% 的股份，成为腾讯最大的股东。Naspers 后来打包所有数字资产在阿姆斯特丹上市的子公司。Prosus 至今还是腾讯最大股东。

2021 年 4 月，当 Naspers 出售其部分腾讯股权时，实现了 7 800 倍的回报，成为历史上最成功的风险投资之一。

事实上，腾讯虽然是 Naspers 在新兴市场最大的，也可以说是最成功的赌注，但它远不是 Naspers 在新兴市场的唯一赌注。20 世纪 90 年代中期以来，Naspers 集团一直在不同的市场上系统化地寻找能够经受考验、行之有效的商业模式。

2010 年，Naspers 收购了在线分类广告公司 OLX（Craigslist 的替代品），这家公司的网站在美洲、亚洲、中东和非洲 30 多个国家运营；2010 年，Naspers 在非洲成立了一家支付公司，后来更名为 PayU，整合了 17 个国家的支付资产。

即使在中国，除了腾讯之外，Naspers 早期也以投资或自建的方式做出一些尝试，但都没有特别成功。

近年来，Naspers 还开始投资一些比较重的商业模式，比如外卖，收购了印度的 Swiggy、拉丁美洲的 iFood，还有已经在法兰克福上市的德国 DeliveryHero 集团的部分股份。

类似投资腾讯的例子是他们收购了俄罗斯头部互联网集团之一 Mail.ru（后更名为 VK 集团）30%的股份[①]。

软银、阿里巴巴和"时光机"理论

日本的亿万富豪孙正义因为在科技界的眼界而家喻户晓，他以千亿美元级别愿景基金野心勃勃地投资了 WeWork 和 Uber 等力图改变世界的公司。

有报道称，软银高管去找创始人的时候一方面会开出让他们无法拒绝的价格，另一方面会威胁说如果他们犹豫不决，软银就会投资给竞争对手。

愿景基金在各大洲类似公司上都有下注：除了 Uber，还有中国的滴滴、东南亚的 Grab 和印度的 Ola 都接受了他们的大笔投资。在二手车市场，他们投资了印度的 Car24、东南亚的 Carro 和中国的瓜子。在外卖和其他本地即时配送方面，愿景投资了美国的 DoorDash、中国的饿了么和拉丁美洲的 Rappi。另外，他们还投资了许多有外卖业务的的出行公司。

软银早期投资阿里巴巴集团后在全球声名鹊起，多年来在中国享有盛誉。这笔投资让软银成为阿里巴巴的最大股东，成功的时机和投资规模堪比曾经 MIH/Naspers 对腾讯的投资。

不过，孙正义的"时光机"理论（我们在第 3 章中简单提到过）在中国互联

[①] 2022 年俄乌战争爆发后，Prosus 清退了其之前所持有的 VK 集团 27%的股份。

网界广为人知，但在国外却少有人提到。他的意思是美国等成熟市场里成熟的商业模式可以复制到发展中市场更早期的阶段。

中国的投资分析师、记者和创业者都经常提到这个词，用来形容中国互联网公司在向比中国发展阶段更早期的全球市场扩张。

不过在国外这个理论却鲜为人知。它从何而来？是孙正义真的说过，还是只是一个传说？

答案在软银2000年的年度报告中。当时对"战略"部分有这样的描述：

软银正在实施一项所谓的"时间机器管理"（Time Machine Management）战略，通过其在美国的风险投资业务，在全球范围内促进优秀商业模式的孵化。这一战略在互联网领域催生了众多尖端的成功案例。世界知名的门户网站雅虎就是一个典型的例子。软银在美国为雅虎提供了早期融资。随后，它与美国雅虎公司合作，将这一商业模式推广到日本、韩国、德国、法国和英国。

软银接着介绍了他们一系列互联网投资和建立合资企业的计划，在拉丁美洲、欧洲和亚洲以及整个新兴市场开展"时光机"战略。预期到2020年，软银在全球的投资将覆盖超过400家公司。

这意味着，在千亿美元基金启动的20年前，孙正义就深信凭借成熟的模式和可感知到的时间窗口押注全球市场的机遇。

孙正义的比喻已经发生了变化——比如在疫情中他把软银形容为一只会下金蛋的鹅，那些成功的科技公司就是他们的蛋。与"时间机器"相比，这个比喻要生动得多[1]。

---

[1] "时光机"理论是否成立其实一直有争议。我们的观点是作为参照和投资决策的依据，"时光机"理论有巨大的意义，然而作为创业者的依据，"时光机"理论只是给出了一个大致的框架，如何成功还是取决于创业者本身的全方位能力和对具体市场的深刻理解。

一个类似的理论就是很多中国互联网参与者在疫情前常说的："降维打击"。这个说法来自刘慈欣的著名科幻小说《三体》——描述高维度生物对低维度生物的压制性打击。然而，在中国互联网企业出海的过程中，应用一个曾经参与者的生动说法"只有降维，没有打击"。

Rocket Internet 打造中美以外全球最大互联网平台的历程

孙正义并不是唯一看到这个机会的人。2014 年上市的 Rocket Internet，总部位于德国柏林，其商业模式就是直接复制别人成功的互联网商业模式。

集团的创始人是以排行第二的奥利弗（Oliver）为首的 Samwer 兄弟三人。他们在 2007 年成立集团时，已经成功出售了几家公司，包括在 1999 年把刚成立几个月的拍卖网站 Alando 以 4 300 万美元的价格卖给了 eBay[①]。

Rocket Internet 还创办了复制美国时尚电商 Zappo 的 Zalando 和成功出售给 Groupon 的 CityDeal 团购网站等公司。到 Rocket Internet 在 2014 年首次公开募股时，集团旗下已拥有一系列公司，涵盖电商平台、分类广告、外卖、打车服务和电子支付。它通过投资或合资在欧洲、中东、非洲、亚洲（包括中国）、拉丁美洲甚至伊朗都有业务。

Rocket Internet 上市时，官网上显示集团明确的使命是"成为美国和中国之外全球最大的互联网平台"。

这家公司野心勃勃，但是饱受争议——世界各地的企业家和创业者指责他们滥用自己的资金优势抄袭别人的模式，不利于当地企业家创业。对此他们的回应是：只有想法没有用，落地执行才是最重要的，Rocket 只是比其他公司执行得更好而已。

[①] 2023 年有一位印度主要互联网平台的高管在 INSEAD 进修时表示，其实虽然她知道印度互联网市场的规模比中国还是小很多，但现有的体量也已经让他们无法从其他市场获得有效的经验："发展中国家的互联网市场只有中国的体量和创新模式能够给我们有很好的借鉴，我们还能去哪儿看呢？"

第 11 章 全球市场的交互和碰撞

风投基金普遍回避与 Rocket Internet 合作①，但是那些想在互联网上分一杯羹但自己又没有落地能力的传统企业集团、欧洲家族办公室，还有世界各地的电信公司，纷纷向他们注资。

他们孵化的一些企业很快就关闭了，这表明集团更倾向随时调整自己的企业组合，而不是像创业者和企业家一样会在自己的公司里面倾注大量的感情并生死与共。在 Rocket Internet 作为上市公司的那几年里（他们在 2020 年被重新私有化了），不断有分析师抱怨无法对公司进行估值，因为公司结构复杂，尤其是集团和实际运营企业之间存在大量中间层的空壳实体。

尽管存在这些争议，但 Rocket Internet 作为一个集团确实取得了成功。继 Zalando 之后，它又让多家孵化的公司成功上市，包括之前提到的东南亚时尚电商控股集团 Global Fashion Group、专注于非洲的电商出行外卖集团 Jumia、全球外卖平台 DeliveryHero 和总部位于德国的餐饮半成品配送公司 HelloFresh。此外，他们还把我们之前提到的东南亚电商平台 Lazada 和专注南亚的电商平台 Daraz 卖给了阿里巴巴。

Rocket Internet 在新兴市场迅猛推进的过程中还加速了许多市场的基础设施的投资、促进了人才和生态系统的整体发展，为后来的创业者和投资者铺平了道路。许多创始人，包括 Shopee 的 CEO 冯陟旻、Gojek 的创始人 Nadiem Makarim 及本书作者之一，都在 Rocket Internet 工作过，并从中学到了很多经验。

事实上，Rocket Internet 的经验让中国的互联网投资者和创业者着迷。正如本书前面提到的，他们推崇迅速落地的执行能力。

2018 年，我们采访过一位从大型科技公司联合创始人转为风险投资人的朋友，他刚刚搬迁到新加坡。在听完 Rocket Internet 的全部故事后，他说："Rocket Internet 做的事情，中国公司可以都可以做到。"

---

① 这里面有几层原因，一是 Rocket 复制的名声不利于风投基金吸引其他的优秀创业者；二是 Rocket 本身对孵化企业的强把控让风投很难认定谁是创业者；第三就是之后提到的 Rocket 具体项目可能随时会被关闭，并不会给合作的投资人太多的话语空间。

他停顿了一下说:"国内竞争这么激烈,我们英语说得更好就好了。"[1]

中国科技企业的全球版图

时间快进到 21 世纪第二个十年末和 21 世纪 30 年代初:现在,中国科技公司已经足够壮大和成熟,可以放眼全球了。

虽然世界各地都有扩张活动,但我们选择了东南亚、印度、中东、非洲和拉丁美洲来讨论各种机遇和潜在挑战。如果您也想出海扩张,那么在考虑从哪里开始时,这张地图会让您一目了然。

东南亚——第一个港口

拥有 7 亿总人口的东南亚往往是中国科技公司在全球开展业务的第一站。通常不是因为东南亚与其他地区相比更具吸引力或条件更成熟,而是因为中国人熟悉东南亚。

大多数东南亚国家的首都与中国处于同一时区或时区仅差一小时,从北京到东南亚最远的国家首都的直飞时间是 7 个小时,所以协调团队和调动人员都更加容易。

此外,大多数东南亚国家华人群体庞大,他们在商业中有巨大的影响力。目前 5 000 多万海外华人中绝大多数生活在东南亚,新加坡、吉隆坡、曼谷、雅加达和马尼拉最大的企业集团中都有华人家族的身影。虽然越南是个例外,但由于与中国几千年不算和谐共存,使越南的整体文化和价值观与中国非常相似。

---

[1] 其实 Rocket 旗下团队的综合能力和同时期的中国优秀创业者团队来比还是差非常多的。然而,在疫情之前,中国优秀的创业团队的精力自然放在了更应该做也更有吸引力的中国国内市场。

全球市场的交互和碰撞　第 11 章

图 11.1 描述了东南亚六大主要经济体。图 11.2 显示了这些国家未来消费增长所需的非常健康的人口统计数据。

东南亚由六大经济体组成
每一个都有足够大的吸引力，但不足以孕育出中美规模的消费互联网巨头

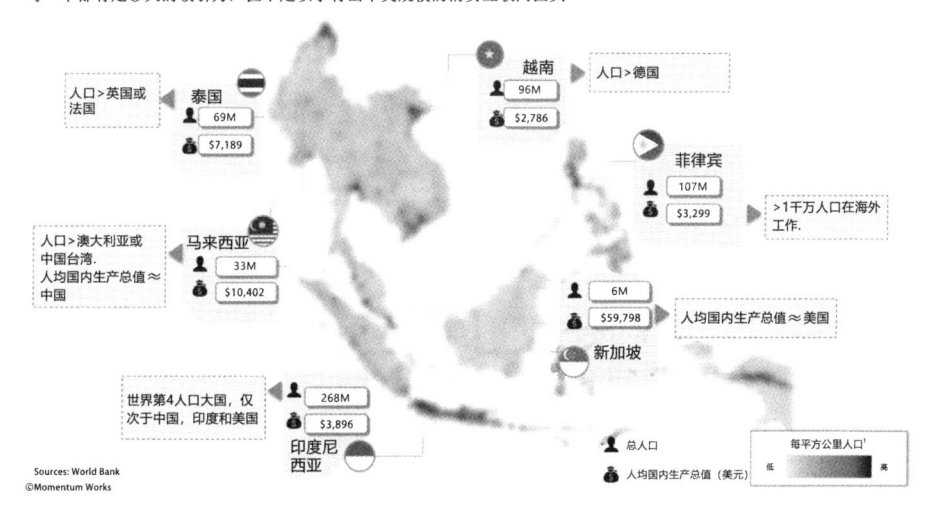

- 泰国：69M，$7,189，人口>英国或法国
- 越南：96M，$2,786，人口>德国
- 菲律宾：107M，$3,299，>1千万人口在海外工作
- 马来西亚：33M，$10,402，人口>澳大利亚或中国台湾，人均国内生产总值≈中国
- 新加坡：6M，$59,798，人均国内生产总值≈美国
- 印度尼西亚：268M，$3,896，世界第4人口大国，仅次于中国、印度和美国

Sources: World Bank
©Momentum Works

图 11.1　东南亚六大经济体

东南亚有健康的人口结构，利于未来的消费增长

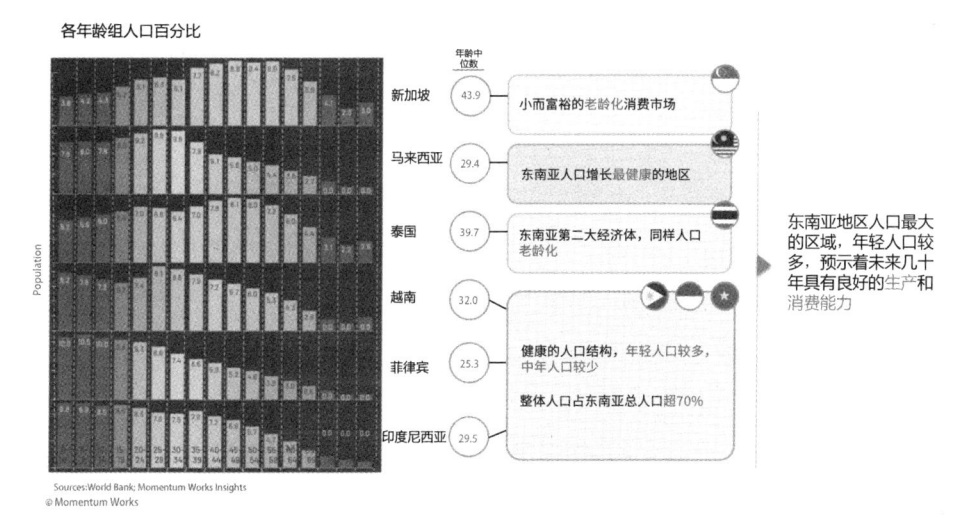

各年龄组人口百分比

国家	年龄中位数	说明
新加坡	43.9	小而富裕的老龄化消费市场
马来西亚	29.4	东南亚人口增长最健康的地区
泰国	39.7	东南亚第二大经济体，同样人口老龄化
越南	32.0	
菲律宾	25.3	健康的人口结构，年轻人口较多，中年人口较少
印度尼西亚	29.5	整体人口占东南亚总人口超70%

东南亚地区人口最大的区域，年轻人口较多，预示着未来几十年具有良好的生产和消费能力

Sources: World Bank; Momentum Works Insights
©Momentum Works

图 11.2　东南亚未来消费增长的健康人口结构

233

新加坡作为东南亚区域的商业中心，75%的人口是华人；中文（新加坡本地称之为"华语"）是官方语言之一，也可能是街头巷尾使用最多的语言。

地理、文化和历史上的相近让东南亚对中国科技公司极具吸引力。阿里巴巴、腾讯、字节跳动和许多其他中国科技公司都在新加坡设立了地区或全球总部；从冬海集团到Grab再到Gojek，几乎所有当地的科技巨头背后都有中国大型互联网集团的投资。

许多中国工程师和产品经理也在这里定居。对他们来说，定居新加坡是一个很好的个人选择，因为这里安全，可以讲中文，还能给子女提供中英双语教育环境。

尽管如此，东南亚市场对许多中国公司和投资者来说仍旧困难重重。

一个主要原因是这里太过多样化且分散。拉丁美洲使用的主要语言只有两种（西班牙语和葡萄牙语），还非常相似；在中东，大多数国家都讲阿拉伯语；相比之下，东南亚的泰国、越南和印度尼西亚的语言、文化、法律框架、政策和做生意的方式都不完全不同。

除了语言多样，还有经济发展和消费能力差别也很大。东南亚中心新加坡人均GDP超过了美国，马来西亚与中国水平相近，越南则差不多是中国2007年的水平。换句话说，新加坡和越南人均GDP相差30倍，这还不算各个国家内部其他差别。

这种多样性和分散性给战略规划（尤其是资源分配）、组织结构、人员和产品本地化带来了巨大挑战。从历史上看，东南亚很少有大型企业能够在整个地区占据主导地位。因为与每个国家自身的头部企业集团相比，区域性的跨国公司的优势并不明显。

另一个关键因素是：中国城市中产阶级生活在紧密的大城市群中。根据2020年进行的最新人口普查，中国有21个人口超500万人的大型城市，其中7个常住人口超过1000万人的超大城市。人口和消费力比较集中，加上城市规划大体相似、语言统一和刚刚提到的交通基础设施发展完备，让消费科技公司有得天独厚的条件。

相比之下，东南亚每个国家的经济实力都只集中在一个（越南是两个）特大城市及其周边城区。虽然这些城市之间的距离大多在三小时行程之内，但该地区具有挑战性的地理环境（山脉和群岛）使得这些大城市之间难以建立有效的交通和物流联系。图11.3 显示了东南亚的主要城市。

大城市在东南亚科技发展中发挥着关键作用
只有占领了头部城市，才能应对其余的市场

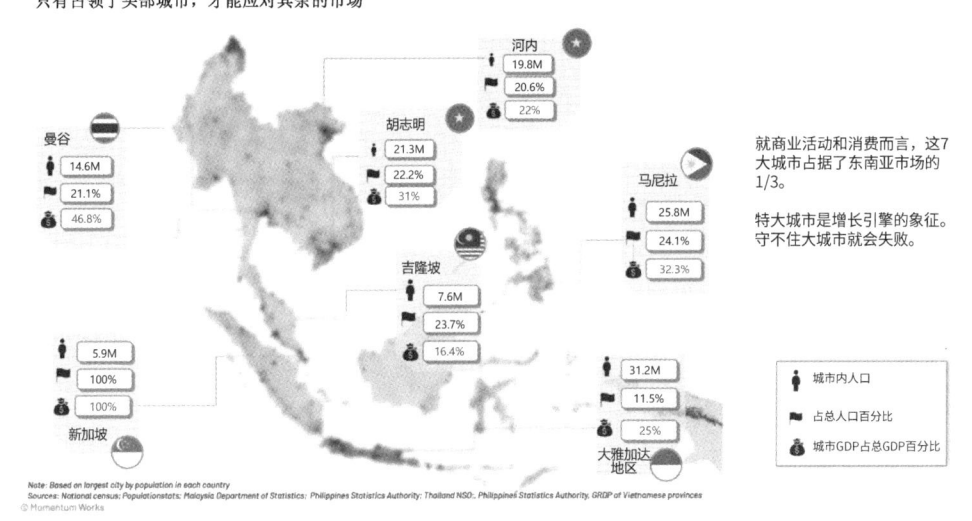

曼谷 14.6M / 21.1% / 46.8%
河内 19.8M / 20.6% / 22%
胡志明 21.3M / 22.2% / 31%
马尼拉 25.8M / 24.1% / 32.3%
吉隆坡 7.6M / 23.7% / 16.4%
新加坡 5.9M / 100% / 100%
大雅加达地区 31.2M / 11.5% / 25%

就商业活动和消费而言，这7大城市占据了东南亚市场的1/3。

特大城市是增长引擎的象征。守不住大城市就会失败。

图例：城市内人口 / 占总人口百分比 / 城市GDP占总GDP百分比

Note: Based on largest city by population in each country
Sources: National census; Populationstats; Malaysia Department of Statistics; Philippines Statistics Authority; Thailand NSO; Philippines Statistics Authority; GRDP of Vietnamese provinces
© Momentum Works

图 11.3　东南亚主要城市

习惯于集中资源打大规模、统一战的中国互联网公司，现在不得不面对一系列不同的小仗，人员、产品甚至战略方面都需要大量精力做针对性定制。

事实上，东南亚大多数大型企业集团都由华裔家族经营，现在由创始人的第二代或第三代管理，这又增加了一层复杂性。

一方面，许多集团在中国投资了几十年，了解中国的商业动态。因此，他们非常看重中国科技公司的经验，也很希望与中国科技公司合作。

另一方面，正因为有了这种认识，这些集团及其他相关利益集团都很小心地在保护自己的领地。我们有个来自中国大型互联网公司的朋友，他曾经与一家东南亚家族企业集团合资经营过一家电商企业，用他的原话来总结那些年的经验："合作两年，我才搞懂我们的合作伙伴的真正目的。他们来向我们学习技能是为了确保万一自己的线下零售业务被颠覆时手上还有电商革命的种子，而不是现在就要自己主动去颠覆自己的线下零售业务"。

尽管诸多挑战，但是像之前说的，东南亚与中国的地理环境、文化和历史相近，所以对中国企业仍有很大吸引力。相比去全球其他新兴市场，更多的中国的企业领导者和高管更愿意克服挑战在东南亚长驻。

东南亚也是全球范围内最多中国技术人员成功创业的地区。此外，第9章重点讨论的冬海集团和极兔都源自东南亚。腾讯也是这两家公司的主要股东。

印度与地缘政治

曾经，印度是仅次于东南亚，对中国科技企业具有第二大吸引力的地区。首先，印度人口总量和中国在同一个量级[①]。单凭这一点就足以让印度成为全球科技巨头和投资者垂涎欲滴的重要市场。

阿里巴巴在印度一直野心勃勃。早在2015年，阿里巴巴就和股东软银一起投资了当时印度第二大电商平台Snapdeal。阿里巴巴还和蚂蚁集团一起投资了印度最大的移动和数字支付服务公司PayTM。当时Snapdeal与Flipkart和亚马逊的竞争中落了下风，阿里巴巴就通过PayTM扶持了合资电商企业PayTM Mall，但最终也没有占领很大的市场份额。

阿里巴巴为了在印度进军内容业务和老对手腾讯争夺市场份额，还收购了UCWeb——总部在广州的UC一度是印度最大的移动浏览器。

另一方面，腾讯从2008年起逐步从母公司Naspers接管了印度门户网站

[①] 印度在2023年超过中国，成为世界第一大人口大国。

ibobo.com。在印度推广微信失败后，腾讯继续加大投资力度，先后投资了 FlipKart、健康平台 Practo、旅游门户网站 MakeMyTrip、外卖平台 Swiggy、B2B 电商平台 Udaan、聊天应用 Hike、出行服务领导者 Ola 和社交平台 ShareChat 等。腾讯在印度公布的投资总额已超过 20 亿美元。

其他中国公司也纷纷利用中国的供应链优势，尤其是在电子产品（比如小米、OPPO 和 OnePlus），以及在经验丰富的内容和社交应用运营方面，希望在印度分一杯羹。其中，TikTok 表现尤其突出，到 2020 年他们已经积累了超过 2 亿活跃用户。其他的还有 NewsDog——一家由中国团队运营但专注于印度市场的新闻平台，他们在 2018 年初获得腾讯领投的 5 000 万美元。

然而，中国投资者对印度的看法却面临着挑战。尽管在印度很容易获得庞大的用户群，但是变现却非常困难，因为印度的消费能力太低，2021 年印度的人均 GDP 只有中国的五分之一，互联网广告市场发展不足，且有 Facebook（现更名为 Meta）和 Google 占据其中的大多数份额。

虽然大家都相信长远效果，印度市场会伴随着经济增长而逐步增强变现能力，但很少有中国的决策者和高管有耐心在市场上坚守十年或者更久。

另一个挑战是印度企业之间也有激烈的内部竞争。我们有位好朋友，他代表一家总部位于上海的大型投资机构在印度投过许多项目，但他从没有向任何一个做印度市场的中国创业团队投资过。当时他说直觉这样有点不对，好几年后的 2021 年他才想清楚这种感觉的原因："印度的科技创业典型的内卷，外国人几乎没办法超过精明能干、积极进取的本地人。"

当然，2020 年中国和印度边境冲突及前后的一系列地缘政治问题也进一步打击了市场情绪。当年，印度政府直接宣布禁用近 60 款中国 App，包括 TikTok、微信、Bigo Live 和当时腾讯代理的韩国吃鸡游戏 *PUBG Mobile*。

虽然一些公共政策专家预测这一禁令只是暂时的，但印度紧接着又发布了两项禁令，共封杀了 200 多个来自中国或他们认为与中国有关联的 App。在 2022 年 2 月的最新政策里，冬海集团旗下的大型游戏 *Free Fire* 也被认为跟中国有关而被封禁。

这让一直在印度拓展业务的冬海集团的电子商务平台 Shopee 颇受质疑①。此外，即使禁令最终解除，中国科技公司和投资者对印度市场的信心也可能需要数年才能恢复②。

中东——大厂的空白

我们在第 3 章中介绍过中国跨境电商公司执御。他们在 2016 年进入沙特阿拉伯市场时，还没有其他中国电商企业认真关注过这个地区。尽管中国跨境电商在美国和其他西方市场竞争已经白热化，对大部分人来说中东还很神秘。

中国的批发商和零售商在中东开展业务由来已久。早在 2004 年就已经开业的迪拜龙城（Dragon City）是一个大型综合性商场，有 5 000 多家专门销售中国制造和批发业务的商铺。据估计，驻扎在阿联酋的中国商人有 10~30 万。

中东有富裕的海湾国家，也有埃及和伊朗等人口大国；中国科技巨头尚未对中东高度关注主要原因是中东离中国太远，而且最富裕的海湾地区的 5 400 万人口中只有一半是当地人。从互联网角度来说，这个人口不算多。

小型初创公司填补了这片地区的空白。除了执御，2018 年还有其他一些跨境电商公司加入竞争；前华为高管黄珍为支持当地蓬勃发展中的电商业务建立了物流公司 iMile；Yalla Group、Mena Mobile 以及总部在新加坡但是由中国人运营的

---

① Shopee 也在 2022 年撤出了印度市场。Shopee 之前进入的时候认为印度本土的 Flipkart、Meesho 和亚马逊的运营能力都不是特别强，有超越的机会。当时我们认识的大部分主要投资者都对此持保留意见——理由也很简单，在印度运营需要大量的精力去处理复杂的政商关系，而海外公司往往都在这上面碰到过大的问题。

② 要记住的是印度是一个大国（和印度尼西亚、巴西一样）。小国在国际社会上往往更加期待按照公平的规则来办事，而大国对自身的战略考量往往会优先于对公平和规则的预期。

Mozat 等内容和游戏公司都占据了市场中的有利位置。

此外，许多中国人工智能公司也接受了海湾国家政府或者相关联公司（比如阿布扎比的 G42 集团）的邀请，在当地建立研发中心，打造当地化的产品。阿里巴巴有一家关联投资公司 eWTP，主要领导人是 UCWeb 的创始人俞永福，他们和沙特阿拉伯主权基金 PIF 及其他中国企业合资，系统性地建立和孵化科技企业。

在当前的地缘政治环境下，富裕的海湾国家为了减少对美国一家的依赖，欲建立自己的国内技术能力，这种合作会越来越多[1]。

非洲——机会留给最有决心的人

在第 7 章中，我们介绍了中国智能手机品牌传音（Transsion）适应了非洲市场，并将他们的产品很好地本地化。传音也与游戏和内容巨头网易等中国科技公司合作，以其庞大的客户群为基础孵化合资企业。

和中东地区一样，中国商人活跃在非洲有一段时间了——安哥拉内战结束后，据本书作者之一的家乡当地政府估计，仅来自当地一个县的活跃在安哥拉地区的中国人就有超过 5 000 人，他们经营贸易、零售、基础设施和酒店等行业。许多中国国有企业也对非洲的基础设施和自然资源进行了大量投资。我们的一位好朋友在非洲为一家大型中国科技企业工作已超过 15 年，工作地点从金沙萨到卢桑卡，再到内罗毕和约翰内斯堡。

然而互联网企业家们却姗姗来迟。虽然许多人看到了这片 3 倍于中国国土面积的土地里蕴藏的商机，但却很少有人行动起来。

---

[1] 在疫情之后由于地缘政治和其他原因，中国风险投资行业从美国本土传统资方募资困难，很多风险投资基金把目光放到了手上有大量美元的中东主权基金和家族上。同时中国和沙特阿拉伯等中东核心国家关系的显著提升也让更多的中国创业者和投资人把目光放到了中东市场。海湾国家市场机会很多，但投资者需要对其规模有正确的预期。

原因其实很简单，其他地方的生活条件和工作都更好。比如印度尼西亚雅加达的基础设施、食品和生活方式都比尼日利亚拉各斯好得多。

我们认识的几位在西非科技创业的企业家，从中国招募有经验的运营高管时挑战重重，即我们在本书前面讨论过的"人"的问题。

当成功游戏集团昆仑万维的创始人、著名投资人周亚辉决定亲自进军非洲时，情况可能有了些许变化。他收购了在非洲非常流行的浏览器 Opera，决定在尼日利亚推出支付、金融、叫车和本地服务一体的 OPay。

由于周亚辉的个人魅力，经验丰富的中国人才和投资者都追随了他的脚步。有一个朋友说"跟着周老板在非洲赚钱的几率肯定比跟着一个还没有证明自己的创业者要高很多。"

而从 IDG 资本到红杉中国，再到高榕资本和源码资本，许多中国一线风险投资公司都是 OPay 的股东。

虽然 OPay 在前进的道路上遇到的挑战可能超出周亚辉的预想，但这位亿万富翁企业家很有决心，他公开呼吁中国的企业家伙伴一起来开拓非洲市场。

周亚辉说，在印度和印度尼西亚，很多受过美国教育的本地创始人可以带着美国经验、技术和资金渠道回到当地，他们有本地资源，"中国创业者在这些市场完全没有优势。"

不过，虽然看好中国科技创业在非洲的长期前景，他也提醒说，正因为非洲处于科技发展的早期阶段，成功创业更需要耐心和决心。

"在非洲不能投机取巧"。他说，"要做好艰苦努力几年几十年的准备才能有收获。"

拉丁美洲——新疆土

拉丁美洲是本章讨论的最后一个地区，但它与前面讨论的第一个地区东南亚有许多相似之处。

这两个地区都有 6 个主要经济体，人口总数和经济规模也差不多。两个地区里最大的经济体巴西和印度尼西亚都拥有丰富的自然资源，吸引了地区内近一半的风险投资资金。图 11.4 里我们还展示了这两个地区其他方面的比较。

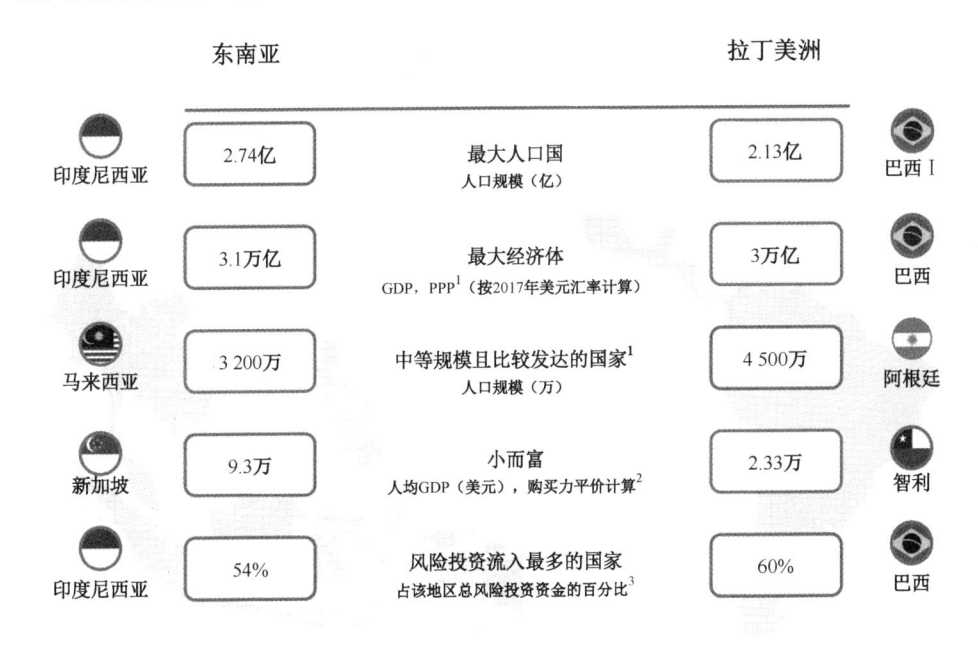

东南亚			拉丁美洲
印度尼西亚	2.74亿	最大人口国 人口规模（亿）	2.13亿 巴西
印度尼西亚	3.1万亿	最大经济体 GDP，PPP[1]（按2017年美元汇率计算）	3万亿 巴西
马来西亚	3 200万	中等规模且比较发达的国家[1] 人口规模（万）	4 500万 阿根廷
新加坡	9.3万	小而富 人均GDP（美元），购买力平价计算[2]	2.33万 智利
印度尼西亚	54%	风险投资流入最多的国家 占该地区总风险投资资金的百分比[3]	60% 巴西

图 11.4 东南亚与拉丁美洲的比较

从历史上看，东南亚获得的科技投资远比拉丁美洲多（如图 11.5 所示）。尤其是在 2017—2018 年，一些规模在 1 亿美元及以上的超大型投资为东南亚的科技巨头的产生提供了足够的支持。而拉丁美洲的类似公司往往因为没有足够的一级市场资金而不得不找机会上市或者求收购——巴西的打车龙头企业 99 被中国的滴滴收购；而东南亚的 Grab 和 Gojek 则自己成长为市值一度上百亿美元的企业集团。

241

外卷：中国互联网巨头的全球征途
Seeing the Unseen Behind Chinese Tech Giants' Global Venturing

■ **过去4年中，东南亚获得的总投资额是拉丁美洲的2倍**
但拉丁美洲的总投资额在2021年上半年呈现强劲的增长，反超东南亚。

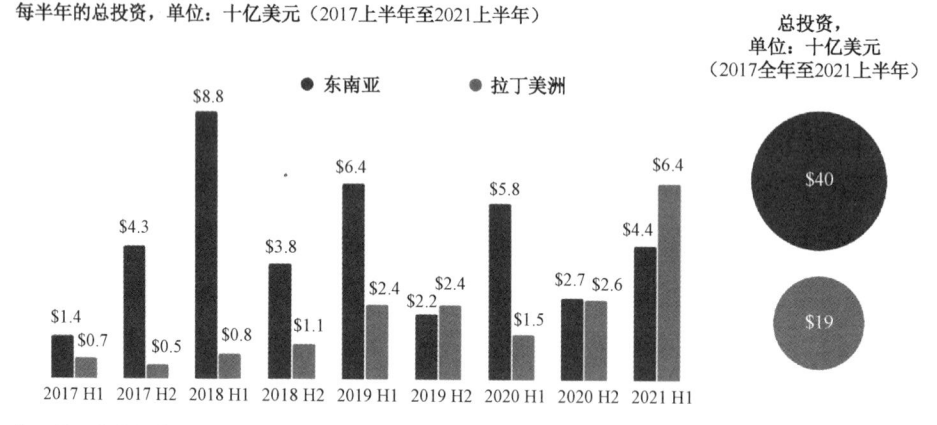

每半年的总投资，单位：十亿美元（2017上半年至2021上半年）

● 东南亚　　● 拉丁美洲

期间	东南亚	拉丁美洲
2017 H1	$1.4	$0.7
2017 H2	$4.3	$0.5
2018 H1	$8.8	$0.8
2018 H2	$3.8	$1.1
2019 H1	$6.4	$2.4
2019 H2	$2.2	$2.4
2020 H1	$5.8	$1.5
2020 H2	$2.7	$2.6
2021 H1	$4.4	$6.4

总投资，单位：十亿美元（2017全年至2021上半年）
东南亚 $40　拉丁美洲 $19

For more information: Refer to Cento's Southeast Asia Tech Investment 2021 H1 Report
Source: Cento Ventures; LAVCA
© Momentum Works

图 11.5　东南亚与拉丁美洲的投资对比

百度此前已在巴西有过一些尝试，但都以失败告终（我们在第 7 章"产品"中介绍过）。而速卖通虽然早就在巴西销售跨境电商产品，但是在整个巴西市场在主流和国内电商界的存在感也不强。滴滴在 2018 年收购巴西的 99 并且自营进入巴西后，才让中国公司和投资者将拉丁美洲纳入版图。2019 年年底，Shopee 开始积极进军拉丁美洲市场，增强了市场信心，也增加了紧迫感。

中国游戏公司和电商卖家在冬海集团进军拉丁美洲后，受其影响，纷纷效仿。TikTok 和极兔速递也先后在巴西建立了自己的业务，并以此为基础向更广阔的拉丁美洲地区扩张。

而疫情之后随着中美之间地缘政治带来的贸易壁垒，越来越多的中国制造业企业加速了在墨西哥的布局，并且带动了从电商到物流等一系列配套商业体系的提升。

随着中国和拉丁美洲地区科技业务联系的发展，中国去拉丁美洲超过 30 个小时的转机飞行时间都不重要了①。

全球新兴市场的交互

我们介绍了东南亚、中东、非洲和拉丁美洲的中国互联网企业和创业者，以及和他们对全球的影响，除此之外还有更多精彩故事正在上演。

在电商、内容和社交平台领域，许多中国公司和企业家都瞄准了美国和其他成熟市场，希望多少能复制一些 SHEIN 和 TikTok 的成功经验。在 2022 年俄罗斯和乌克兰冲突之前，俄罗斯是中国跨境电商平台阿里巴巴速卖通和邦购网的最大市场。不少中国金融科技和内容创业者也在土耳其开展业务，而且也开始有中国的服装制造企业在土耳其建厂，以更快速地服务欧洲的消费者。

当然并不是只有中国人在努力全球化。印度和俄罗斯的企业家和资本家也在东南亚建立了企业；拉丁美洲最成功的金融科技公司 Nubank 的创始人也对印度和印度尼西亚的同行进行了投资。图 11.6 我们展现了一些商业模式、资金和人力资本在世界不同地区的扩散情况。

从早期的 Naspers、软银和 Rocket Internet 到现在的多维度、多方面的全球互联网发展，我们已经走过了很长的一段路。期待全球新兴市场进一步交互发展——人才、资金和商业模式应该会更加有效地在各个市场和区域之间流动。

我们仍处于这个互动的早期阶段，未来还会有更多成果出现。我们也期望看到更多优质的、负责任的和长期主义的中国出海企业在其中发挥更大的作用。

---

① 本文作者之一曾经从新加坡前往智利首都圣地亚哥出差，中途在卡塔尔多哈和巴西圣保罗转机。回程的航班加上中途中转候机的时间超过了 40 个小时，而且 3 张登机牌上的日期都不一样。

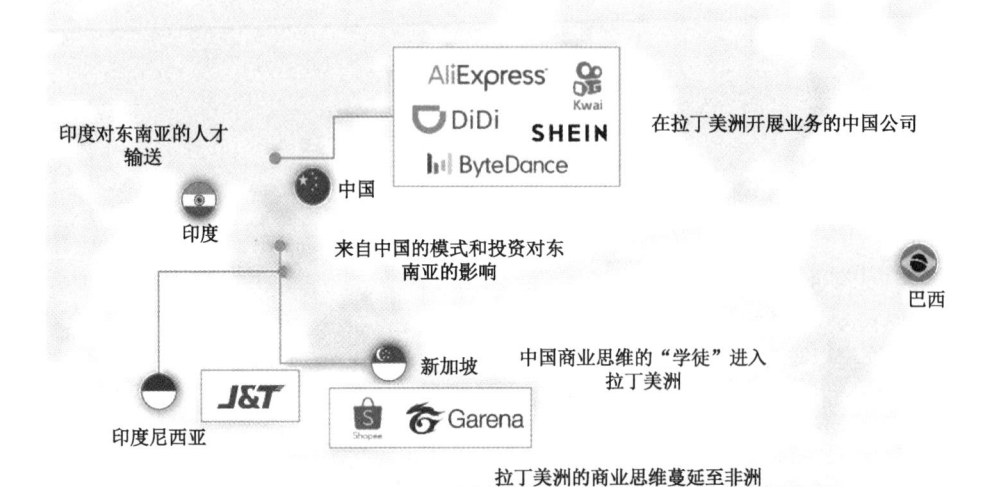

外卷：中国互联网巨头的全球征途
Seeing the Unseen Behind Chinese Tech Giants' Global Venturing

图 11.6 新兴市场商业模式的全球扩散

反侵权盗版声明

电子工业出版社依法对本作品享有专有出版权。任何未经权利人书面许可，复制、销售或通过信息网络传播本作品的行为；歪曲、篡改、剽窃本作品的行为，均违反《中华人民共和国著作权法》，其行为人应承担相应的民事责任和行政责任，构成犯罪的，将被依法追究刑事责任。

为了维护市场秩序，保护权利人的合法权益，我社将依法查处和打击侵权盗版的单位和个人。欢迎社会各界人士积极举报侵权盗版行为，本社将奖励举报有功人员，并保证举报人的信息不被泄露。

举报电话：（010）88254396；（010）88258888

传　　真：（010）88254397

E-mail：　dbqq@phei.com.cn

通信地址：北京市万寿路173信箱
　　　　　电子工业出版社总编办公室

邮　　编：100036